D1702084

Uschi Rodenstock   **Auf der Suche nach dem Menschen**

Dr. Peter Morsbach Verlag

Uschi Rodenstock

Auf der Suche nach dem Menschen
...und immer wieder Myanmar

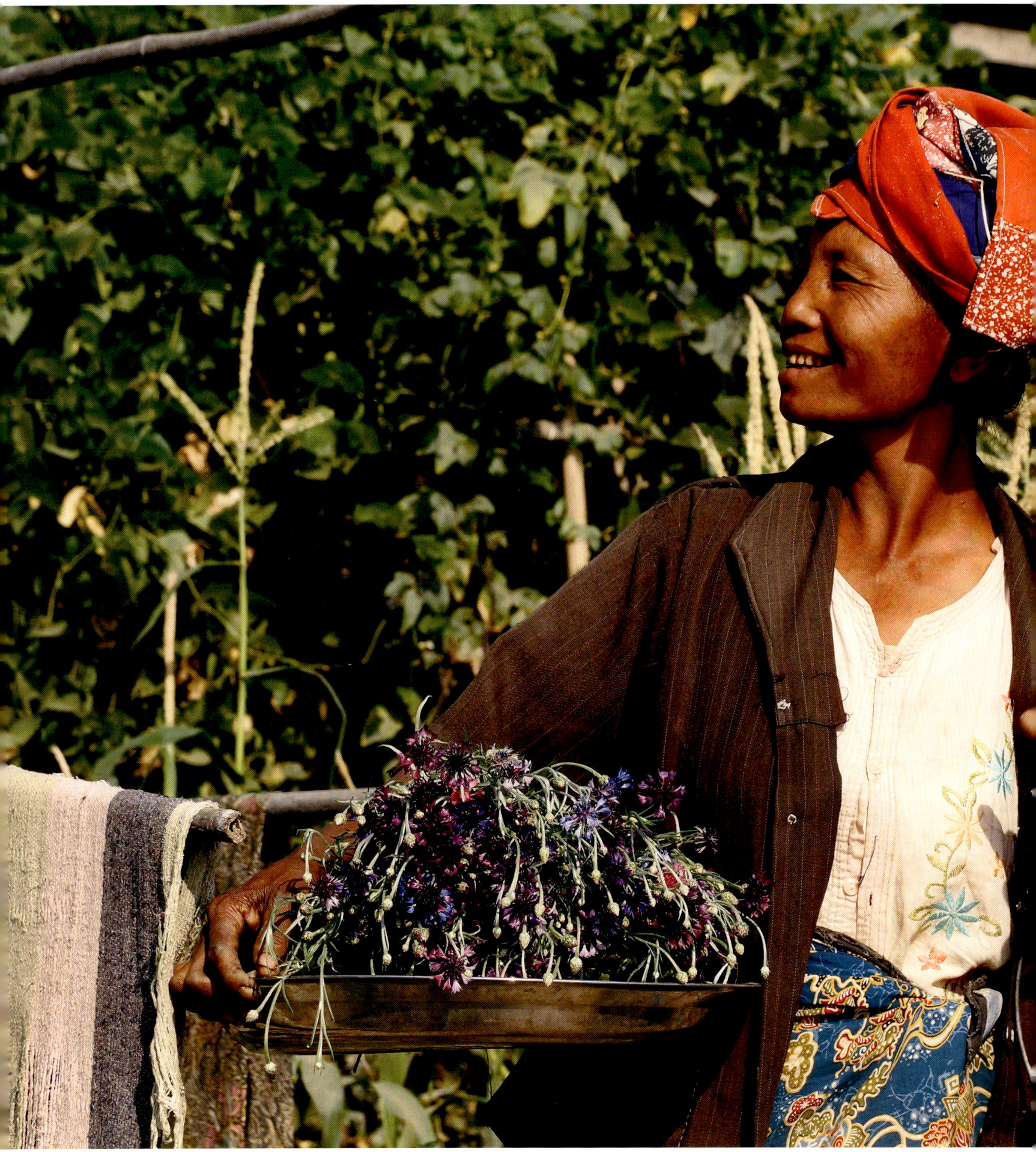

6	… und immer wieder Myanmar
10	Auf der Suche nach dem Menschen
14	Gesichtslandschaften
42	Tätowierte Frauengesichter im Chin-Staat
56	Kinderfreuden
68	Kontemplative Momente
80	Traditionelles Handwerk
98	Pwe – Feste feiern
120	Schmuck der Frauen als Stammessymbol
134	Lebendiges Shwedagon
164	Klosterleben auf dem Land
192	Impressum, Literaturliste

...und immer wieder Myanmar

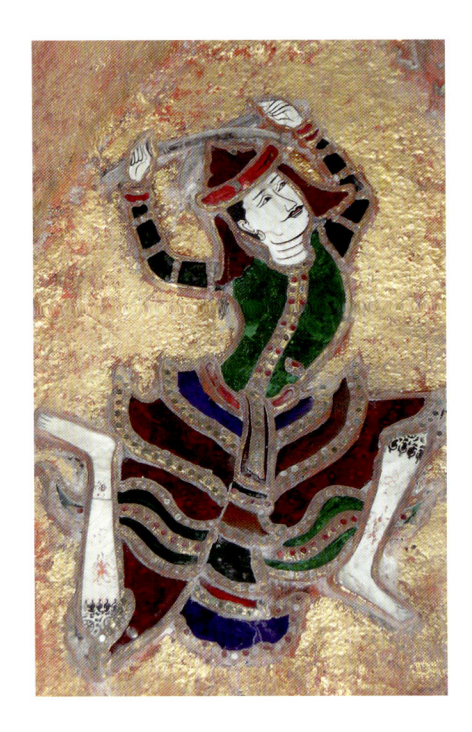

Darstellung eines Prinzen aus bunten Glassteinen in der Pagode Baw-ri-tha (17. Jh.) Viele Gläubige haben unzählige Buddhafiguren gespendet, die in kleinen Nischen stehen. Die Pagode befindet sich neben dem hundert Jahre alten und sehr bekannten Holzkloster Shwe-yan-byei am Inle-See.

Es gibt mehrere Gründe, weshalb Myanmar, besser bekannt als Burma, das »Goldene Land« genannt wird: Eine Überlieferung besagt, dass der indische Kaiser Asoka (268–232 v. Chr.) buddhistische Missionare in das »Goldland« – »Suvarnabhumi« – entsendet habe, wodurch der Buddhismus dort große Bedeutung erlangte und zum zentralen Element myanmarischer Identität wurde. Wohin das Auge auch blickt – goldene Pagoden und Klostergebäude sind allgegenwärtig. Gold galt und gilt als ideale Opfergabe für die »heiligen drei Juwelen«: Buddha, Dhamma (die Lehre) und Sangha (die buddhistische Mönchsgemeinschaft).

So haben mich dieses Land und seine Bewohner schon zu vielen Besuchen animiert. Zwischen 1999 und 2015, dem Jahr meiner zehnten Reise, hat sich im Land viel verändert. Myanmar, ein Vielvölkerstaat, dem offiziell 135 ethnische und linguistische Bevölkerungsgruppen angehören, ist ein Land voller Naturschönheiten, reich an Bodenschätzen (Öl, Erdgas, Edelsteine, Jade, Teakholz und andere) und fruchtbarer Erde. Die überaus freundlichen Burmesen sind vorwiegend gläubige und praktizierende Buddhisten, deren Lebensstil ganz auf den Glauben ausgerichtet ist. Beispiele für ihre tiefe, gelebte buddhistische Überzeugung sind die religiösen Handlungen, die Feste und die täglichen Opfergaben für Mönche und Nonnen. Da der Erwerb religiösen Verdienstes durch Opfergaben und Stiftungen als wichtigste Lebensaufgabe myanmarischer Buddhisten gilt, zeigt sich im Land ein Fülle buddhistischer Architektur, Kunst und kunsthandwerklicher Erzeugnisse, die in Auftrag gegeben wurden – und immer noch gegeben werden, um das Schicksal des Spenders in zukünftigen Existenzen zu verbessern. Ziel jedes Buddhisten ist ja letztlich die Überwindung des fortwährenden leidvollen Kreislaufs von Geburt und Wiedergeburt und die Erlangung des »Nirwana«, also eines glücklichen, erleuchteten Zustands. Nur so konnten die Myanmaren auch die politischen, militärisch-diktatorischen Wirren über viele Jahrzehnte überstehen.

Nun gibt es einen Aufbruch in Richtung Demokratiebewegung, der vielversprechend und verheißungsvoll erscheint. Zugleich öffnet sich das Land zunehmend für Touristen und für die Erscheinungen des »westlichen« Lebensstils. Über kurz oder lang werden sich die Voraussetzungen für landestypische Traditionen und Lebensgewohnheiten verändern oder gar entfallen: Schönheitsideale, Stammeszugehörigkeit, Leidensfähigkeit, religiöse Riten und traditionelles Handwerk – wie viel wird davon bleiben? Im Spiegel der Gesichter, die mir begegnet sind, habe ich diese gelebte Tradition erlebt und fotografisch festgehalten. Das ist der Impuls für meine ganz private »Suche nach dem Menschen«.

Nirgendwo sonst konnte ich so spannende Spaziergänge in »Gesichtslandschaften« unternehmen: ausdrucksstarke, bewegende Gesichter, Gesichter mit Tätowierungen und Kopfschmuck entsprechend der Stammeszugehörigkeit, Gesichter aus angrenzenden Ländern, Teilhabe an Feiern, religiösen Zeremonien und rituellen Handlungen ebenso wie an handwerklicher und traditioneller Arbeit. In Myanmar verlangen all die Schönheit, all die Wärme des menschlichen Geistes, die Sanftmut dieser burmesisch menschlichen Natur und die ihr innewohnende Erhabenheit höchsten Respekt und Bewunderung.

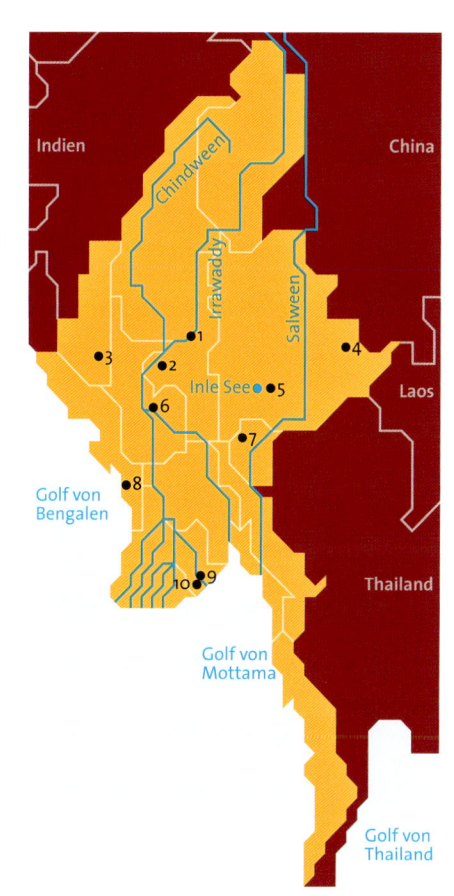

Mandalay-Region
1 Mandalay
2 Bagan

Chin-Staat
3 Mindat

Shan-Staat
4 Kengtung
5 Kakku

Magwe-Region
6 Magwe

Kayah-Staat
7 Loikaw

Rakhine-Staat
8 Ngapali

Yangon-Region
9 Yangoon
10 Shwedagon

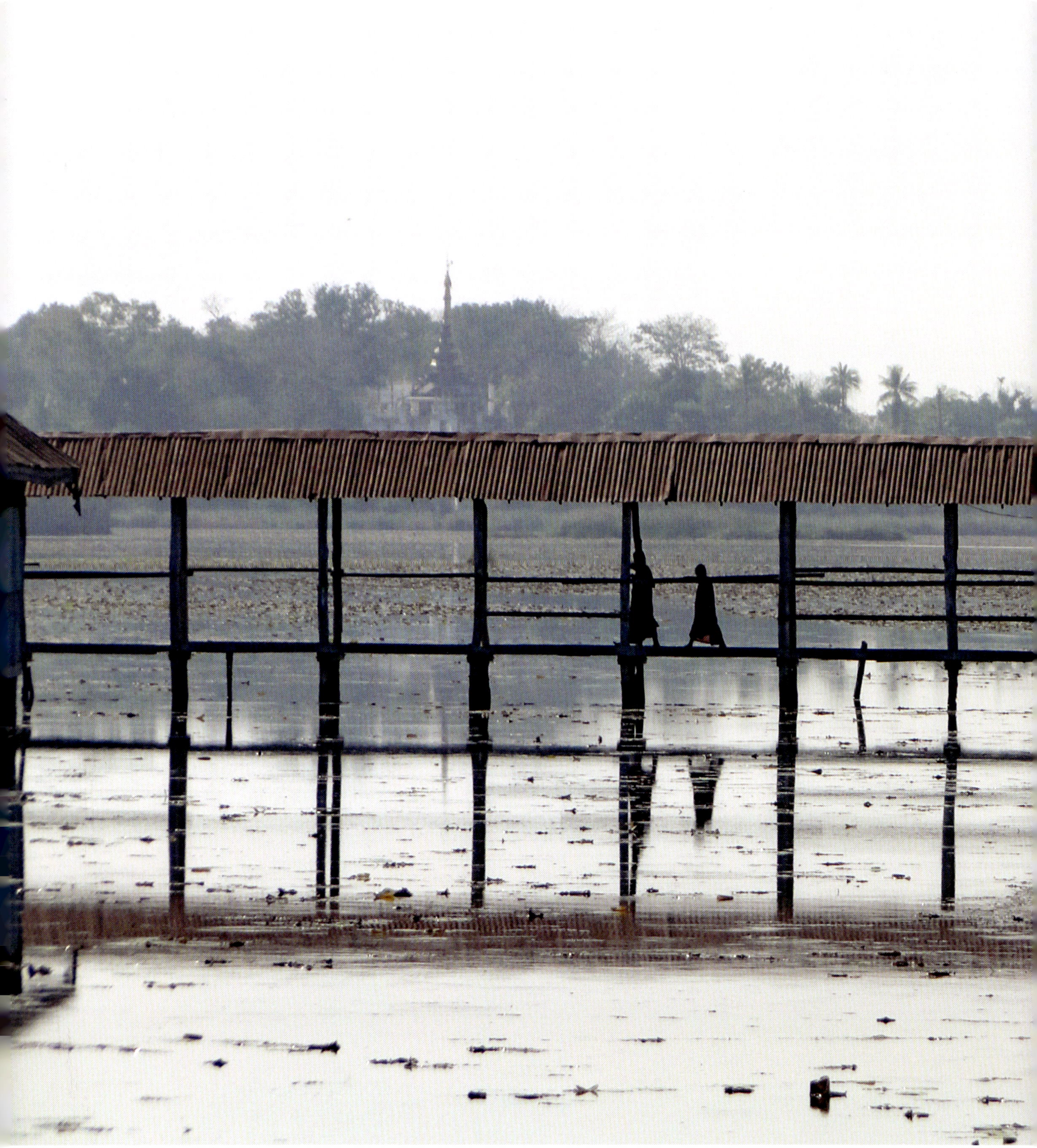

*Mag auch die Spiegelung im Teich
Oft uns verschwimmen:
Wisse das Bild*

Rainer Maria Rilke

Novizen des Klosters Shwe Maw Taw, das sich wie eine Insel aus dem Wethigan See im Staat Magway erhebt.

Auf der Suche nach dem Menschen

»Denkt daran, die Reise Schritt für Schritt und in jedem einzelnen Augenblick zu leben. Es gibt keine Abkürzungen.« Steve DeMasco

Eine Reise kann man in vielerlei Hinsicht antreten: eine Reise an einen anderen Ort, zu einer anderen Kultur, aber auch in das Innere der eigenen Seele bzw. Psyche – oder eine Reise zu Begegnungen mit anderen Menschen, deren Leben und deren Psyche.

»Alles echte Leben ist Begegnung, Begegnung liegt nicht in der Zeit und dem Raum, sondern Raum und Zeit liegen in der Begegnung.«
Martin Buber

Wie anders als über Bilder könnte das geschehen? Bilder, die wir in unserem Kopf haben, und Fotografien, in denen wir das Gesehene festhalten wollen. Dabei erscheint es nicht so wichtig, was man fotografiert, sondern wie man es sieht.

Francois Cheng meint, dass die dem Leben innewohnende Wahrheit nur durch den Austausch zwischen den vielen einzelnen Wesen zutage tritt.

Und diese innewohnende Wahrheit kann uns die Wahrnehmung vermitteln. Die Wahrnehmung dessen, was wir sehen, hören, spüren und mit unseren Sinnen aufnehmen können. Bilder spielen dabei die größte Rolle.

Naturgegeben hat jedes Bild einen gewissen Informationsgehalt und jedes Bild, jedes Portrait hat einen ihm eigenen, emotionalen Ausdruck, der in der Körpersprache sichtbar wird. Ein Bild geht in die

Kommunikation mit dem Betrachter und bekanntlich heißt es: Ein Bild sagt mehr als 1 000 Worte.

Im Ausdruck und in der Körpersprache zeigen sich vier Ebenen der Kommunikation:
- die momentane Emotionalität des fotografierten Gesichtes,
- ein Beziehungsaspekt zum Betrachter,
- ein Appell an den Betrachter und
- eine Selbstoffenbarung der fotografierten Person.

Auch soll ein Bild dem Betrachter die Möglichkeit zu eigenen Projektionen geben – Projektionen, die ihm helfen können, seine eigenen Gefühle, Empfindungen und Stimmungen besser wahrzunehmen.

»Die Menschen sind mir wichtig, ich liebe sie.« Sebastiao Salgado
Mit der Darstellung der Bilder will ich würdigen, was ich in diesen Begegnungen mit Menschen in verschiedenen Situationen und anderen Kulturkreisen erleben und fotografieren durfte. Es sind keine arrangierten Fotografien, sondern situative Abbildungen des jeweiligen Momentes, mit verschiedenen Handlungen und verschiedenen Emotionen, bei unterschiedlichen Tätigkeiten, zugewandt oder in sich gekehrt. Die Würde des Einzelnen oder die naturgegebene, augenblickliche Situation bildhaft festzuhalten – immer mit dem Einverständnis der Menschen –, strahlte eine große Faszination aus und gleicht einem Geschenk.

Die Fotografie hat etwas Egoistisches. Man macht ein Foto, versteckt sich hinter der Kamera und geht. Aber es sollte ein Austausch sein, ein Geben und Nehmen. In der Möglichkeit, Fotos in einem Buch zu veröffentlichen, sehe ich ein »Geben«.

Oftmals kann die Gegenüberstellung zweier Fotos eine »Geschichte« erzählen, ganz ohne Worte.

Es begegnet mir jemand und da ist eine ansprechende emotionale Komponente spürbar, etwas an diesem Gesicht erreicht mich, ein Lächeln, ein ernster Ausdruck, eine gedankliche Abwesenheit oder eine herausfordernde Mimik mit Appell an mich, die Betrachterin, die Fotografierende. Fotografien sollen anderen eine kontemplative Betrachtung ermöglichen.

»Schönheit liegt in der völligen Preisgabe des Beobachters und des Beobachteten, und Selbsthingabe kann es nur in strenger Einfachheit geben – es ist die selbstverständliche Einfachheit, die Demut ist. Dann gibt es keine Zielsetzung, keine Leiter, die zu erklimmen ist. Es gibt nur den ersten Schritt, und dieser erste Schritt ist der ewig währende Schritt.«
Jiddu Krishnamurti

Der Gesichtsausdruck ist persönlicher als Sprache, weil er unsere Gefühle deutlich macht. Folglich versuchen wir immer zu beurteilen, was uns andere mit ihrem Gesichtsausdruck »sagen« wollen. Vor allem auch, wenn wir die Sprache des anderen nicht verstehen. Ein lebhaftes Mienenspiel prägt Lebenslinien im Gesicht. Solche Gesichter wirken lebendig, ihr Gefühlsleben scheint bereitwillig an die Oberfläche zu sprudeln. Forschungsergebnisse zeigen: Unsere Gesichtsmuskeln versetzen uns in die Lage, bis zu 7000 Gesichtsausdrücke zu erzeugen. Aber ähnlich wie beim Vokabular nutzen wir nur einen kleinen Teil dieses Potentials – ein paar hundert Gesichtsausdrücke. Ein äußerst komplexer Prozess also, die Mimik eines anderen zu interpretieren, und kaum überraschend, dass wir häufig falsch liegen.

Ein Ansporn für mich, in der Fotografie einige Gesichtsausdrücke festzuhalten und den Betrachter damit zu einer eigenen Deutung anzuregen.

Das menschliche Gesicht ist dynamisch und verändert sich im Laufe eines Lebens. Unser Gesicht ist unser ureigener »Besitz« und wesentlich für unsere Identität. Es verrät, was uns das Leben angetan hat und zu welchem Menschen es uns gemacht hat.

Dr. Uschi Rodenstock, März 2016

Dr. Uschi Rodenstock, geboren 1950, arbeitet als Diplom-Psychologin und klinische Psychotherapeutin in eigener Praxis in München. In ihrer Promotion an der LMU München hat sie das Thema Fotografie zur Unterstützung der Bewusstwerdung emotionaler Befindlichkeit empirisch untersucht. Fotografie, die sie bei Rolf Zwillsperger gelernt hat, fließt immer wieder in ihre Arbeit als Therapeutin ein. Ihr Interesse gilt besonders buddhistischem Gedankengut in Verbindung mit Psychotherapie.

Freundlich und aufgeschlossen – mit den Erfahrungen eines ganzen Lebens: Meh ist 74 Jahre und lebt in Bagan.

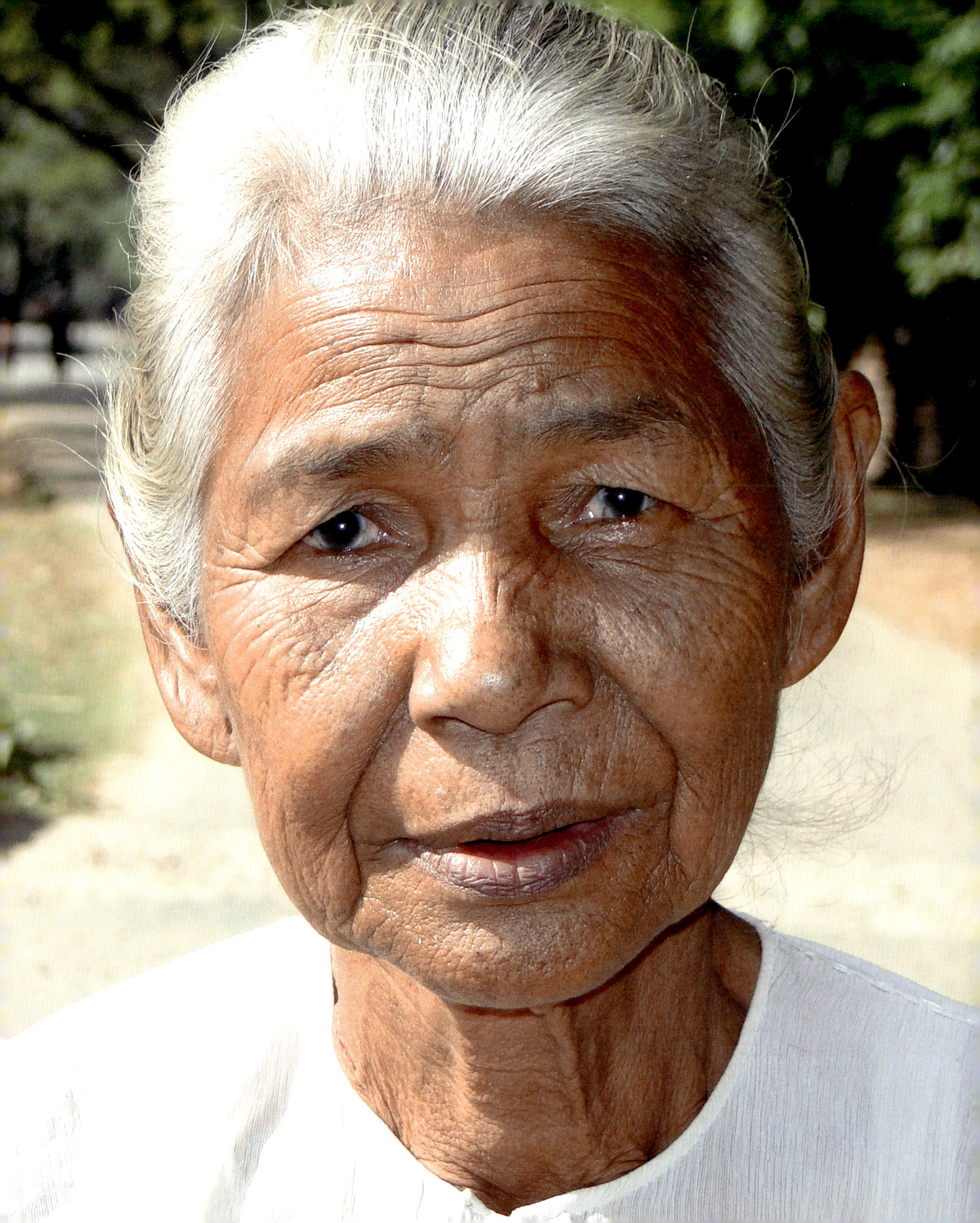

Das Gesicht und die Augen werden häufig als »Spiegel der Seele« beschrieben. Oft zeichnen sich viele Lebenslinien, ja mitunter ganze »Landschaften« in Gesichtern ab und zeigen Schönheit, Lebendigkeit und Prägungen. Gesichter, denen wir begegnen und in denen wir immer »zu lesen« versuchen, spiegeln die Emotionen und die momentane Befindlichkeit wider. Auf der Suche nach dem Menschen haben mich die verschiedenen Gesichter, ob jung oder alt, am meisten fasziniert. Gesichter, in denen sich auch die Kultur und die Lebensweise eines Volkes abbilden. Ein arbeitsames, oft hartes Leben, Anstrengungen, Sorge, ebenso wie Freude, Fürsorge, Humor, Gelassenheit, all das zeigt sich in gereiften Gesichtern. Geschichten des Lebens scheinen eingeprägt zu sein in den Gesichtern. Aus psychologischen Untersuchungen weiß man, dass das Gesicht, die Augen und der Blick die größte Faszination ausüben und die wichtigsten Kommunikationsmittel zwischen Menschen sind.

»Ein Porträt nimmt man nicht alleine auf, ein Porträt schenkt einem der andere. Die Kraft eines Porträts liegt im Bruchteil einer Sekunde, z. B. im Augenausdruck, indem der andere etwas von seinem Leben erzählt und indem man etwas vom Leben des anderen versteht.« Sebastiao Salgado

Gesichtslandschaften

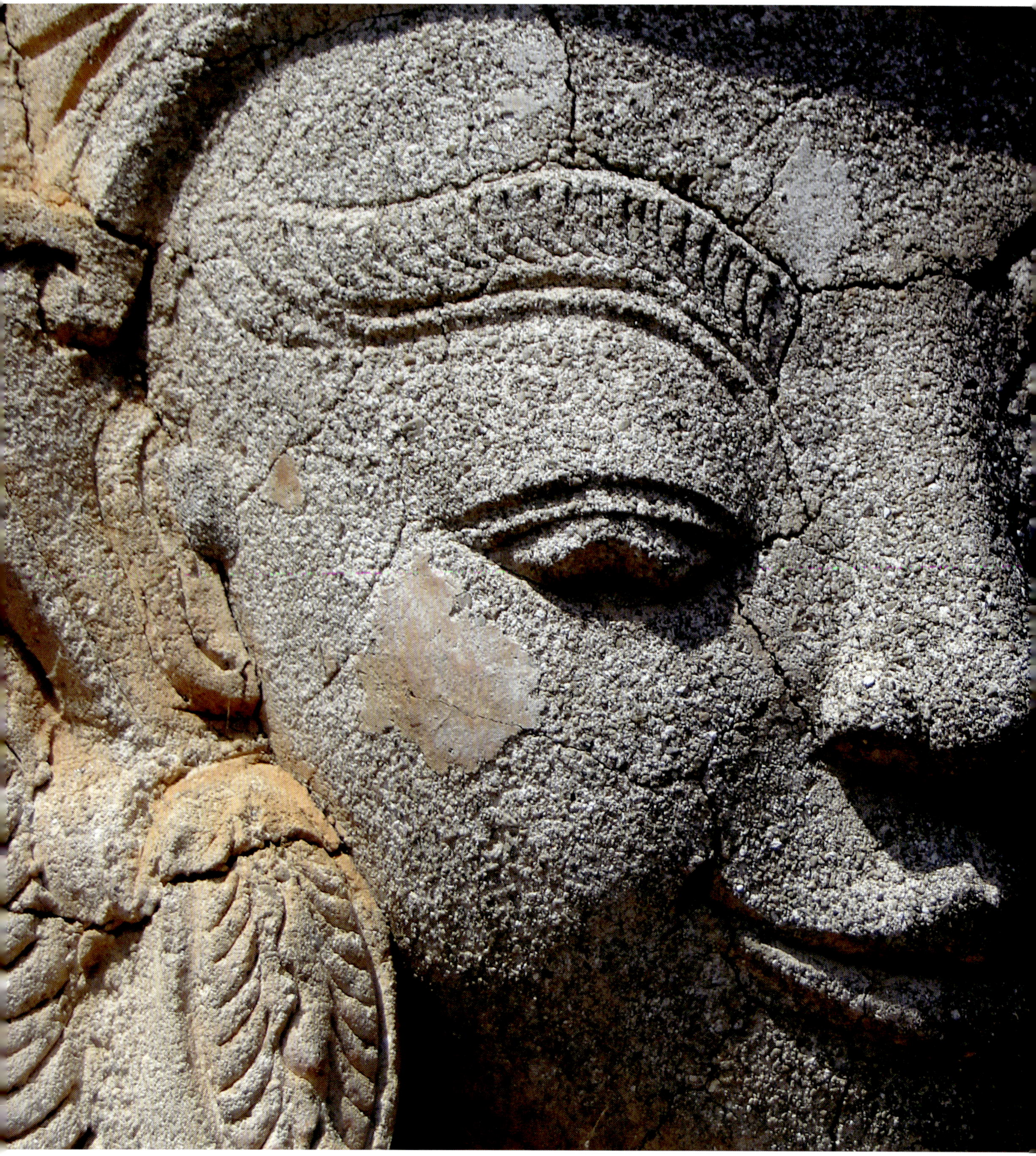

*»Alle Dinge unter dem Himmel
haben ihr Sichtbares
und ihr Unsichtbares.
Das Sichtbare ist das Aussehen,
das Äußerliche, das Yang.
Das Unsichtbare ist das innere Bild, das Yin.
Ein Yin, ein Yang:
Das ist das Tao.«*
Pu Yen-T-U

Die reliefartige Stuckarbeit aus dem 17.–18. Jahrhundert im Pagodenwald in Indein, Shan-Staat, stellt das Gesicht eines Kinnari dar – ein mythisches Wesen, das zur Hälfte Mensch und zur Hälfte Vogel ist.

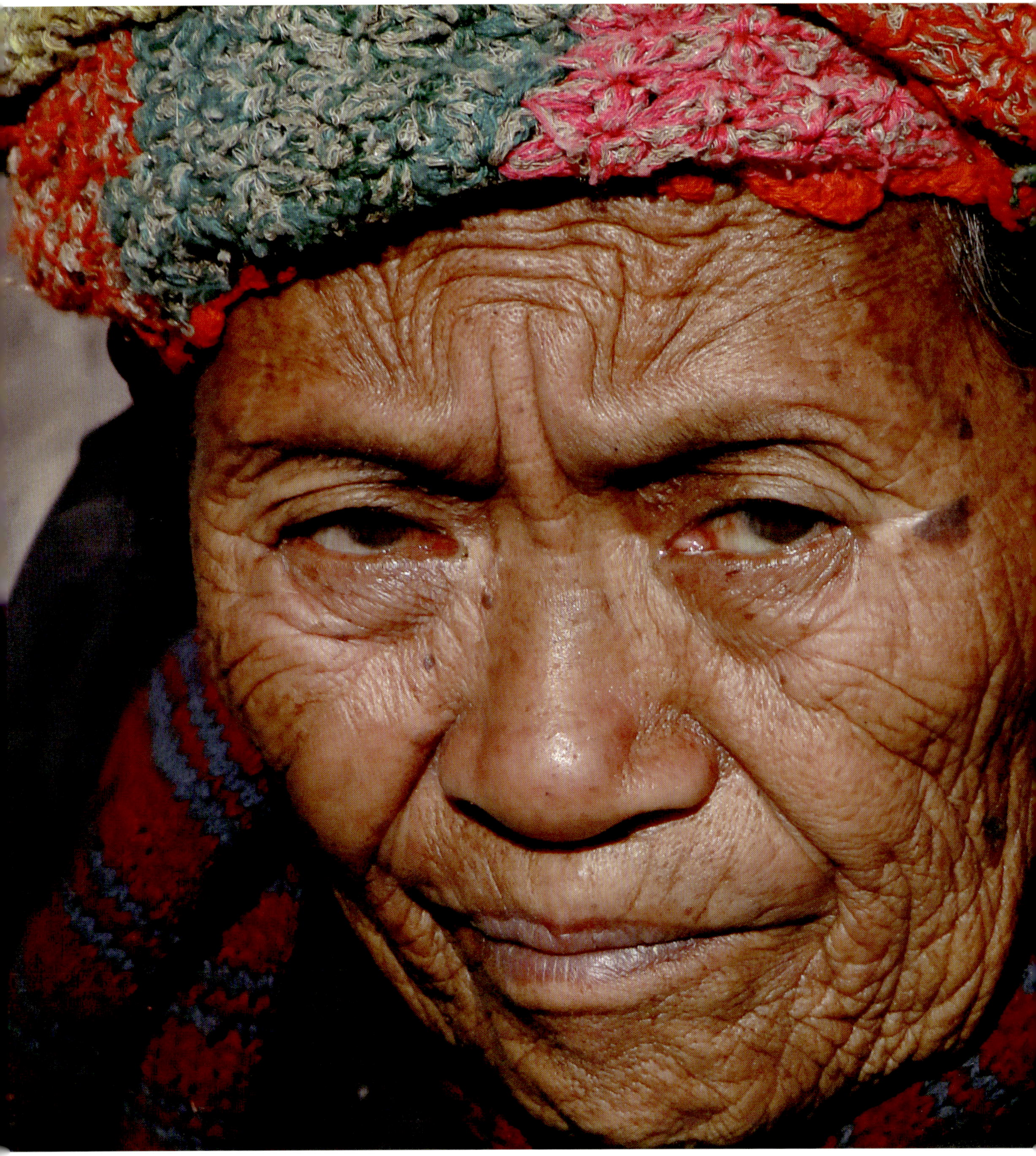

Lebenslinien, die sich eingeprägt haben, zeigen die unverwechselbare Individualität des Menschen.

Die Pa-O, ein ethnischer Volkstamm aus den Bergen um den Inle-See im Shan-Staat, kommen zum Markt in das Dorf Indein am westlichen Ufer des Inle-Sees, um ihre Waren zu verkaufen.

Die Pa-O Frauen tragen traditionell dunkel gefärbte Kleidung mit leuchtenden Turbanen. Sie sprechen eine eigene Sprache, sind Buddhisten und ökonomisch sehr rege. Sie bauen Tee an, Tabak – die berühmten Cheroot-Zigarren –, verarbeiten Zuckerrohr, Seide, und vieles mehr. Sie fühlen sich als stolzes, unabhängiges Volk.

In den Gesichtern der Frauen kann man Emotionen und Befindlichkeiten »lesen«, die nicht verborgen werden. Ihre Aufrichtigkeit und Geradlinigkeit ist in ihrem Wesen tief verankert.

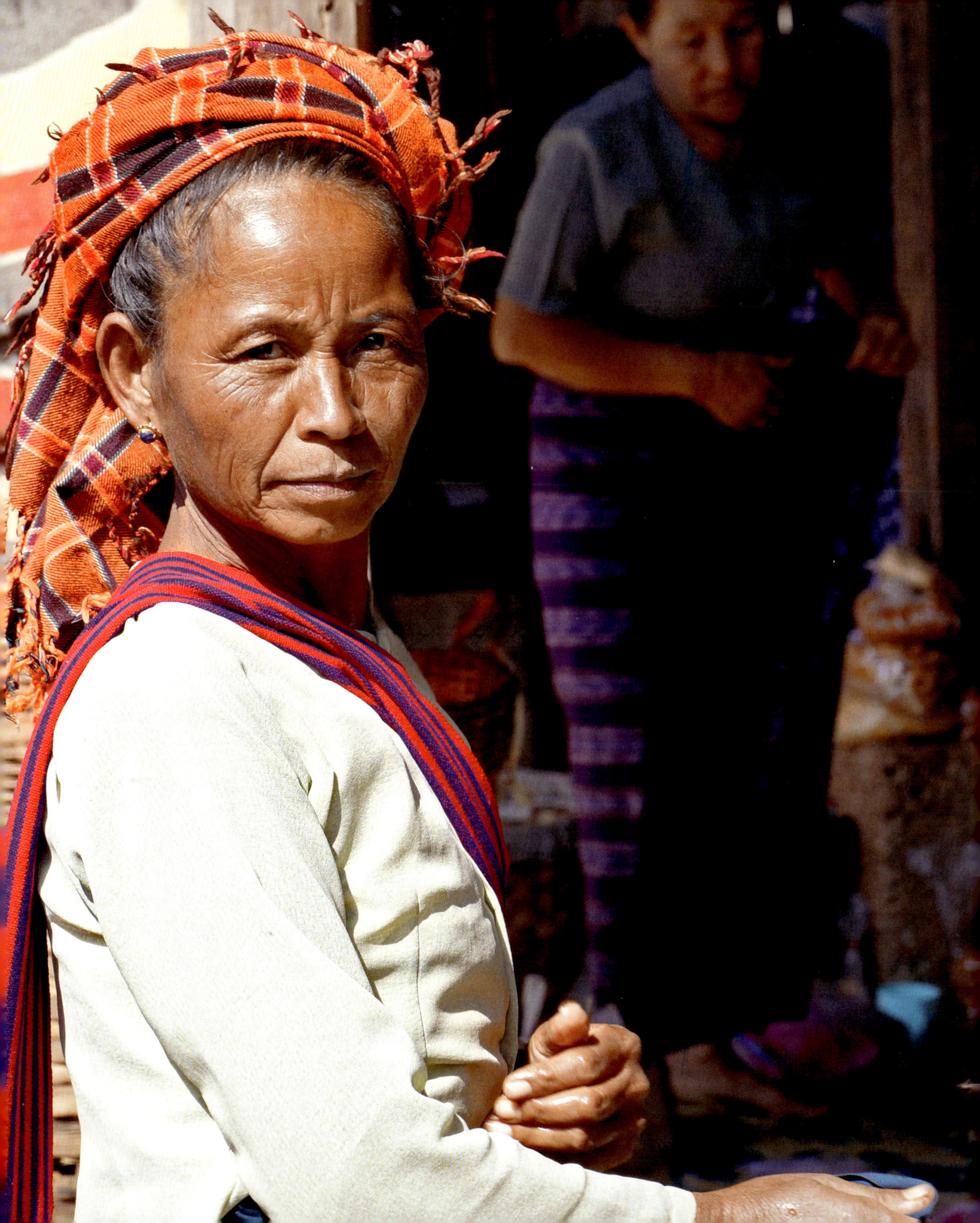

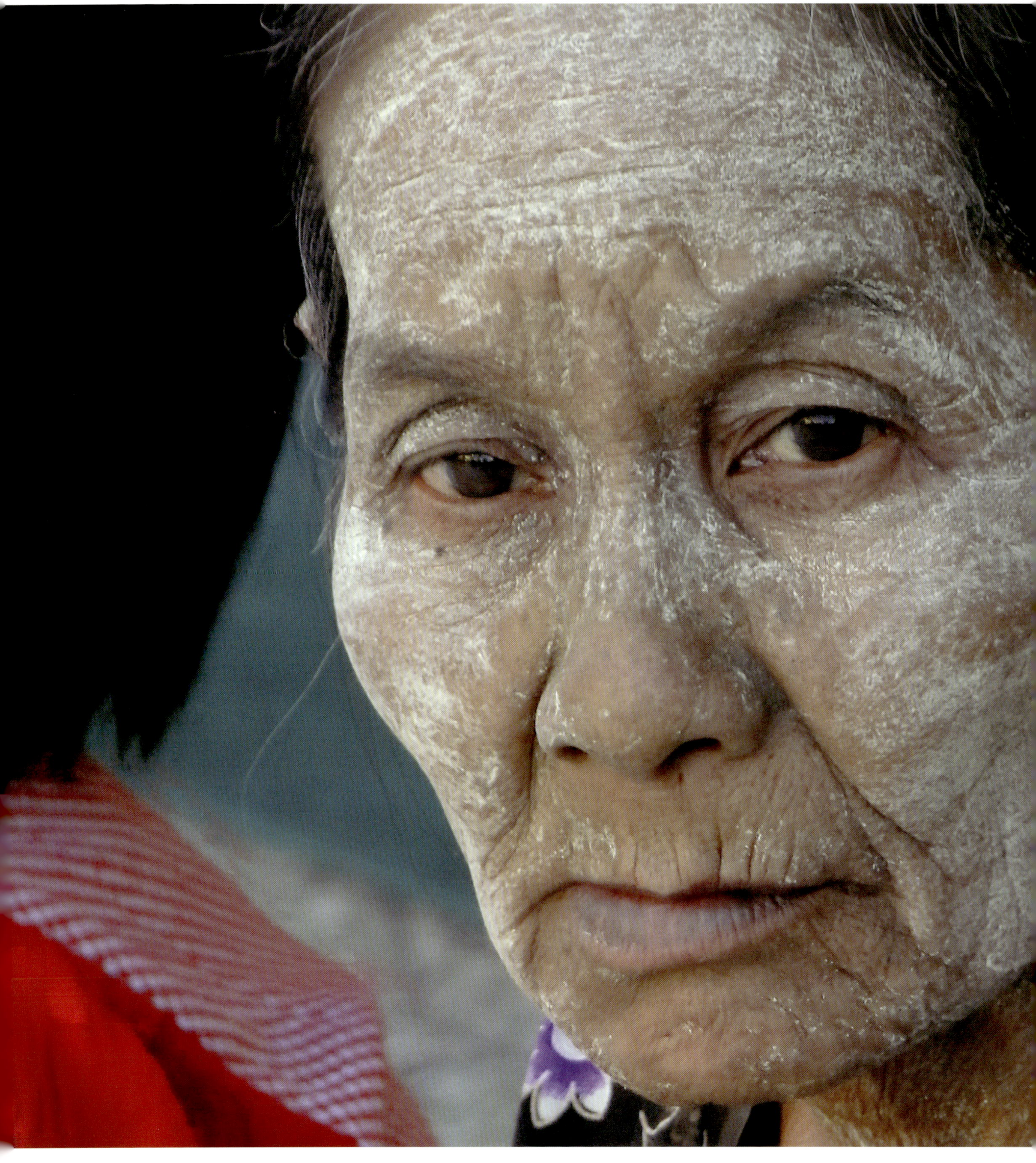

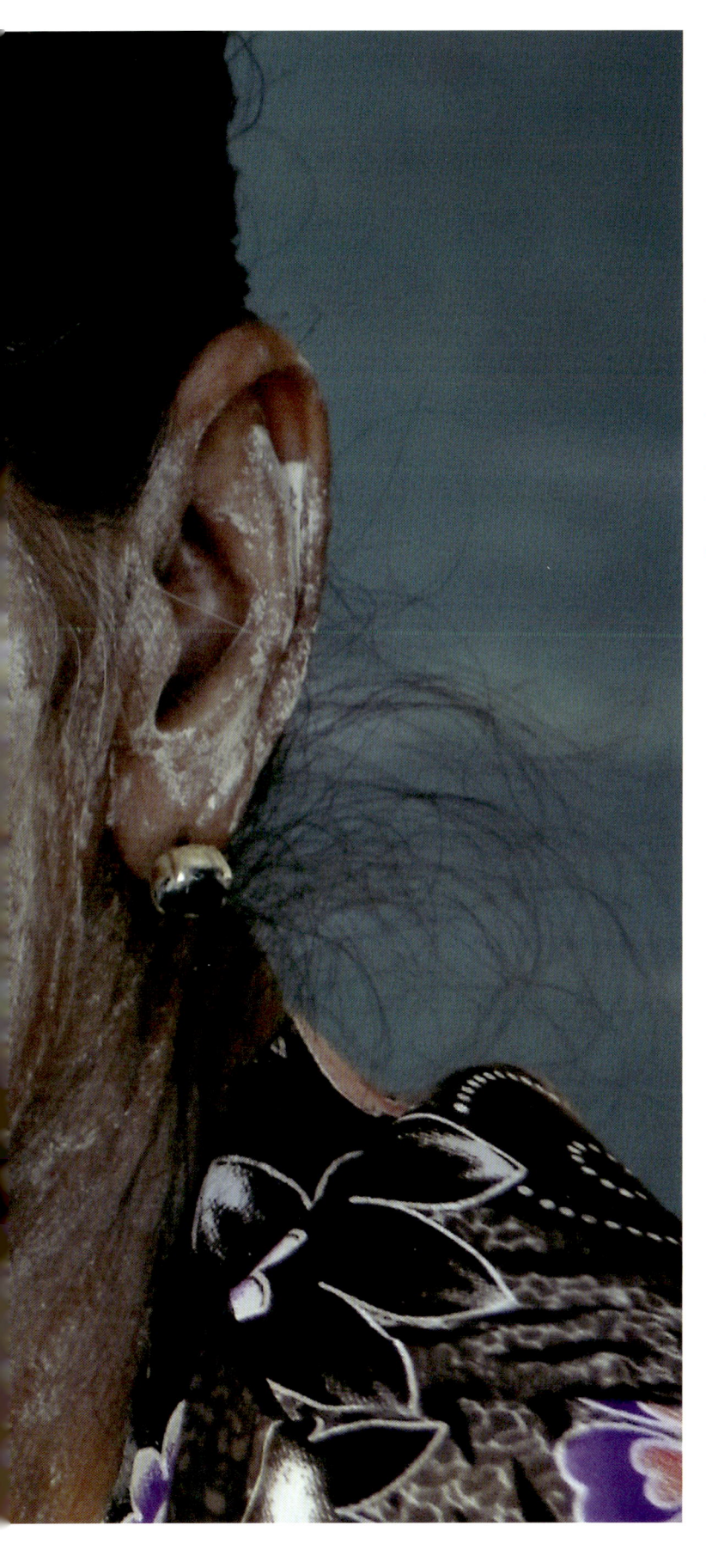

*Die Würde ist der Zustand eines Menschen,
der sich korrekt vorbereitet hat
und sich nicht durch das beirren lässt,
was andere tun.
Die menschliche Würde bleibt
von der äußeren Situation unbeeinflusst.*
Meister Kenji Tokitsu

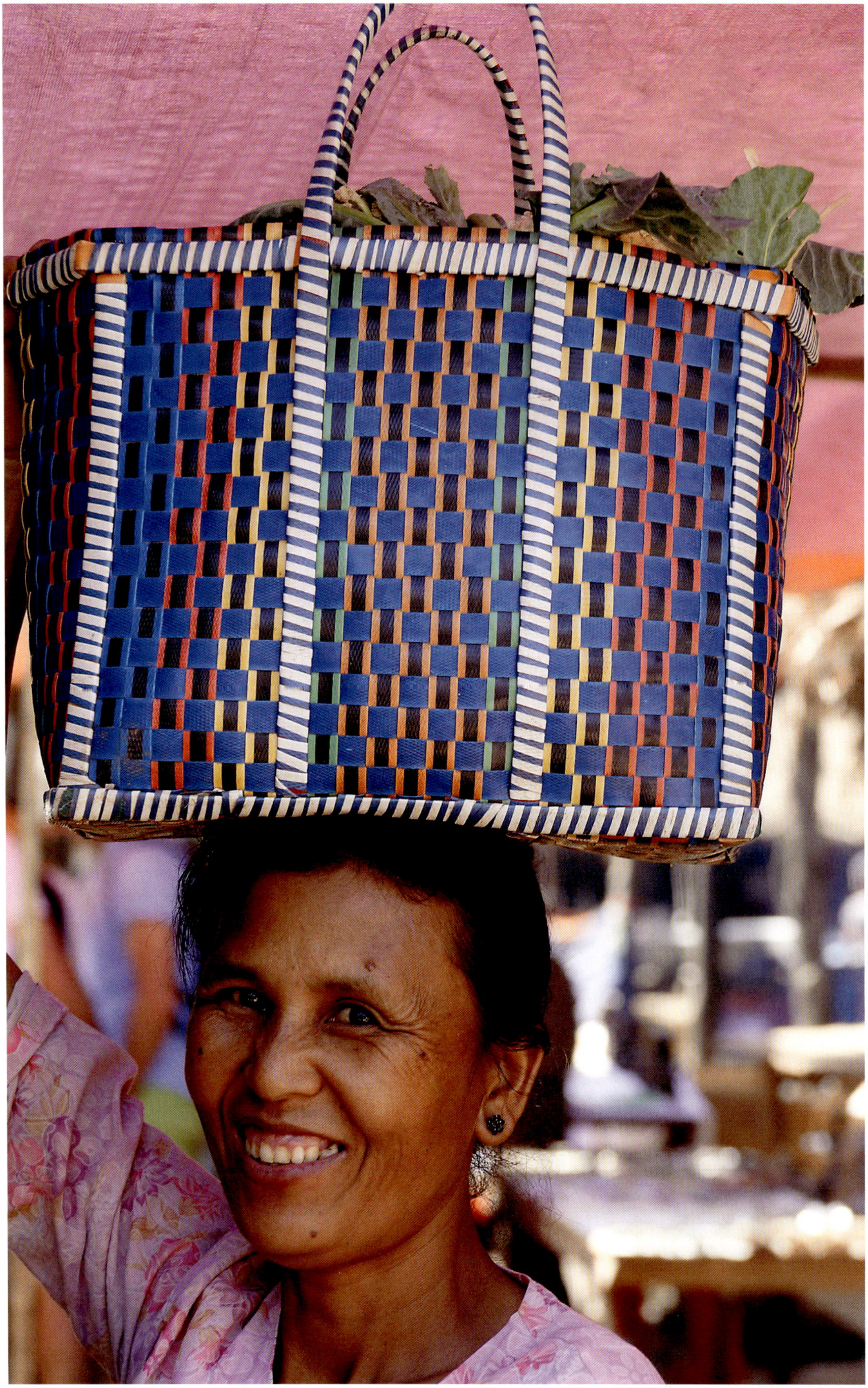

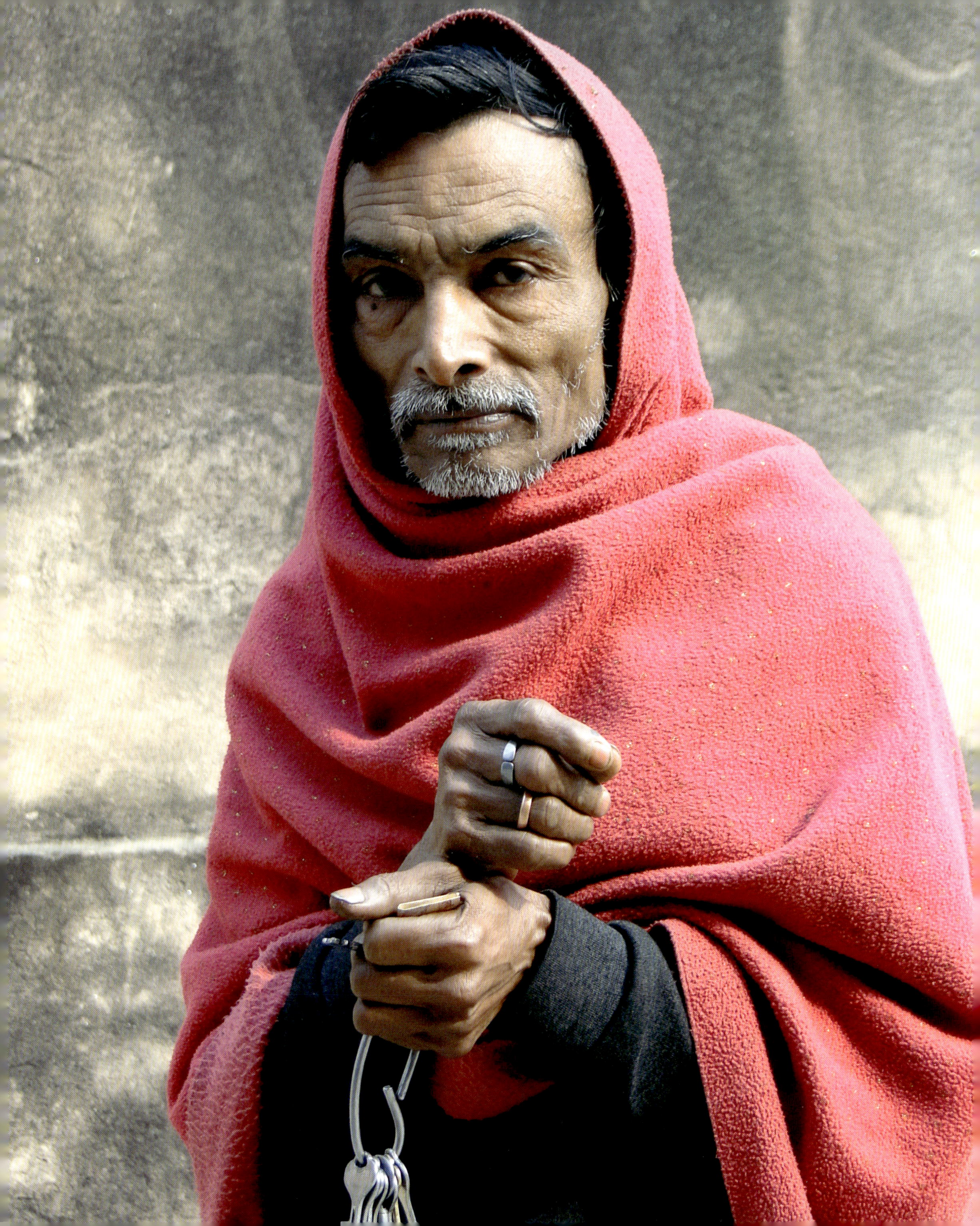

Amar ist Inder. Er lebt und arbeitet schon lange in Myanmar. Ein Bruder von ihm ist gestorben und die Sorge, wie er die Familie seines Bruders noch mit ernähren soll, bedrückt ihn stark.

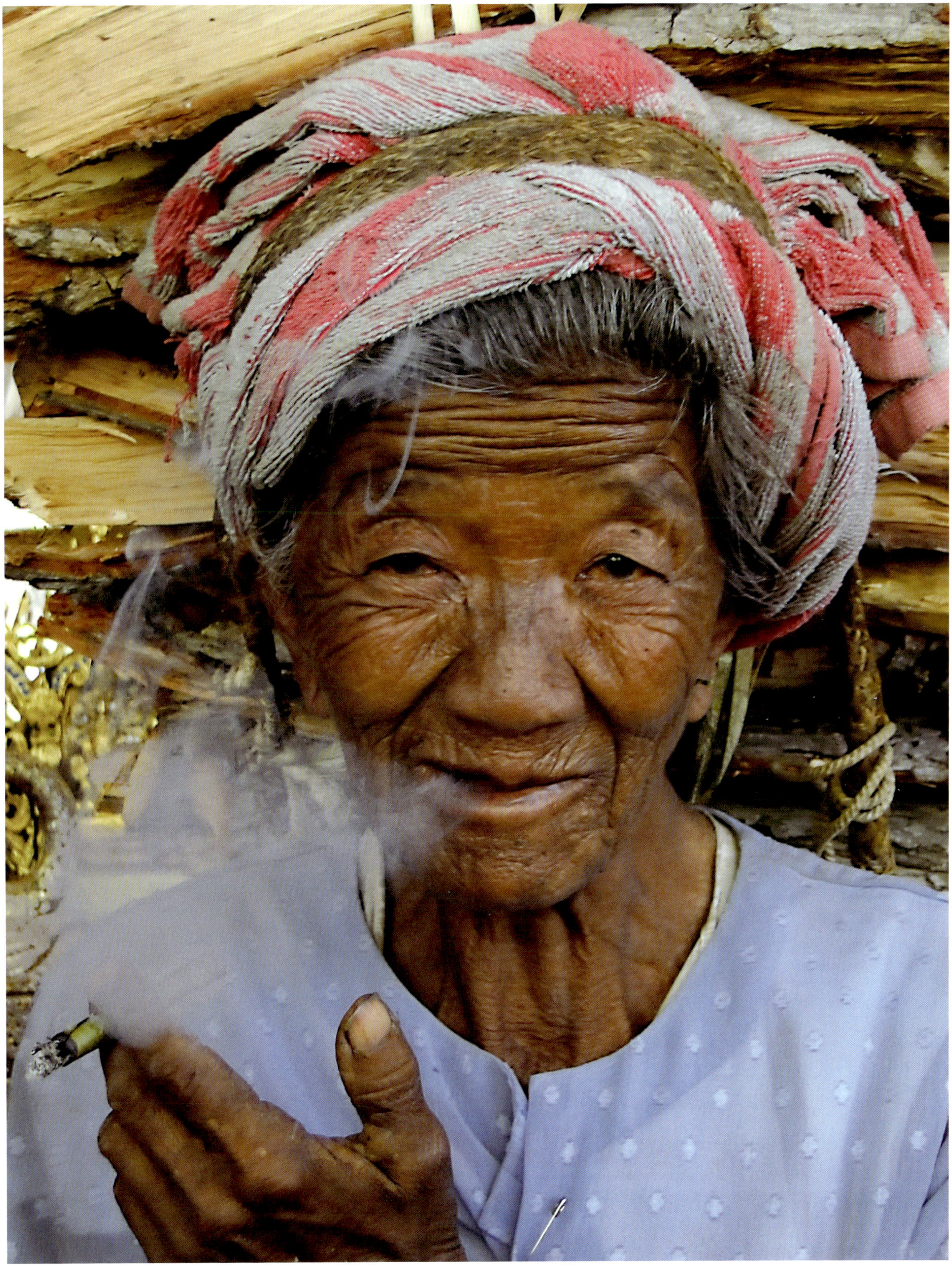

Bilder, die sprechen, Bilder, die Ich sagen, sie sind von einer authentischen Präsenz. Wie das Innen sich im Außen ausprägt, lädt das Außen die Wahrnehmung des Betrachters zu einem Spaziergang in Gesichtslandschaften ein – wie hier die von chinesischen Vorfahren abstammende Burmesin und der indischstämmige Burmese.

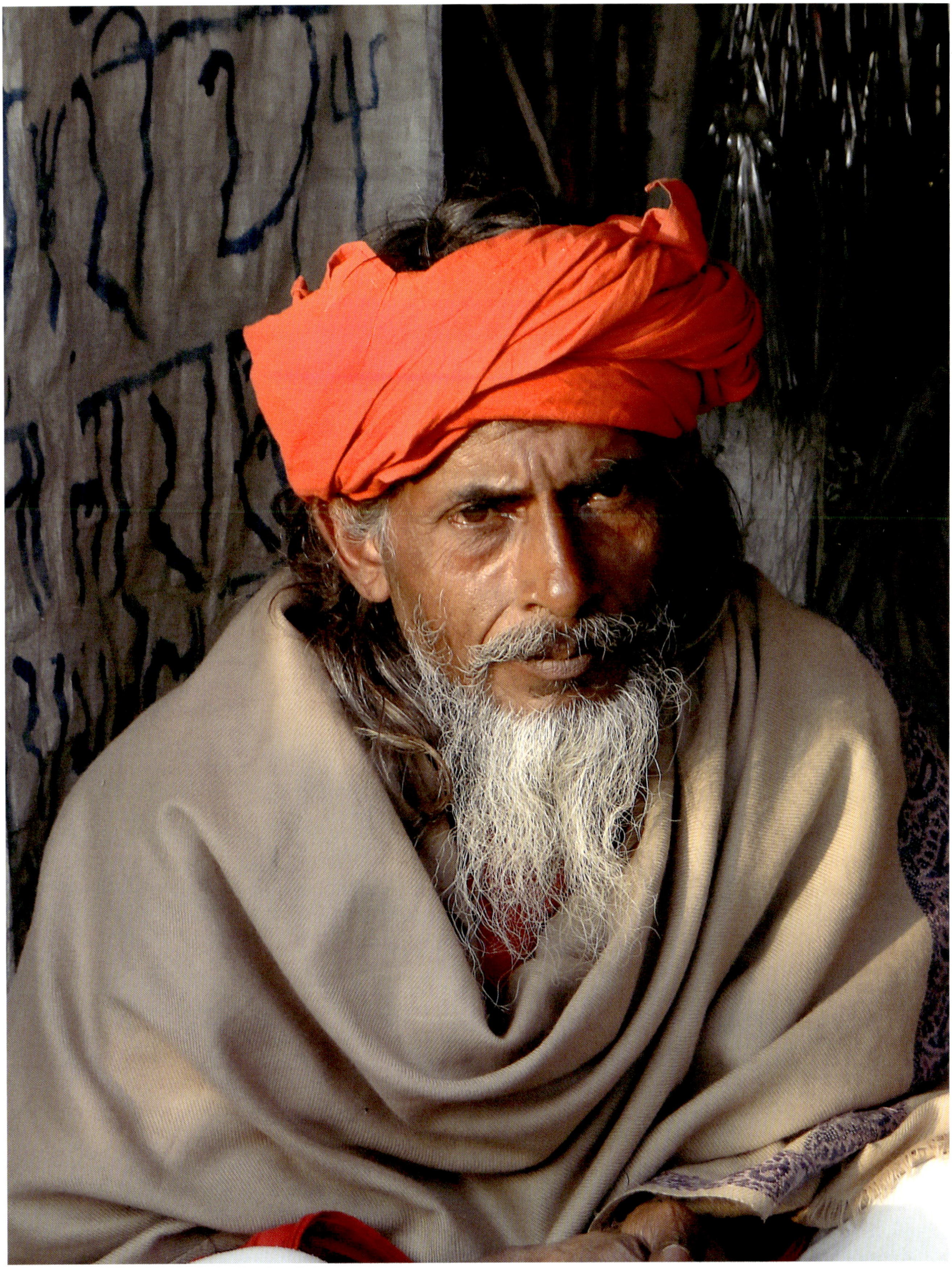

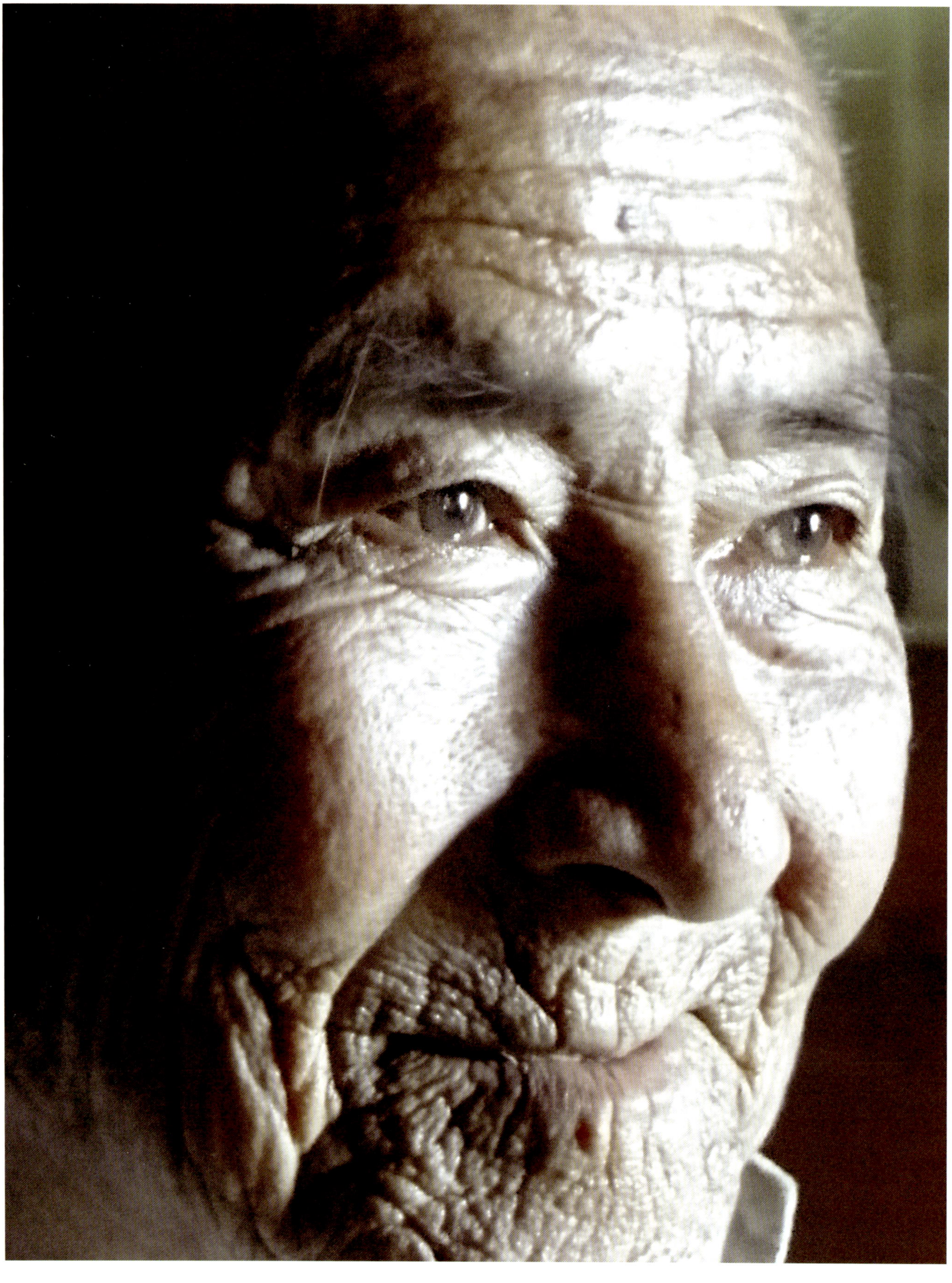

Eine von tibetischen Vorfahren abstammende Frau trägt Wasser auf ihrem Rücken. Im Bhamo-Distrikt im Nordosten Myanmars, nahe der chinesischen Grenze, begegnet man immer wieder chinesischstämmigen Burmesen. Weil Myanmar aufgrund seiner strategischen Lage für China wichtig ist, ist China sehr an seiner Freundschaft und der politischen Stabilität im Land interessiert. Beide Länder sind stets voneinander abhängig gewesen und sind es bis auf den heutigen Tag.

Schwestern verkaufen Schmalzgebackenes auf dem Markt im Dorf Indein.

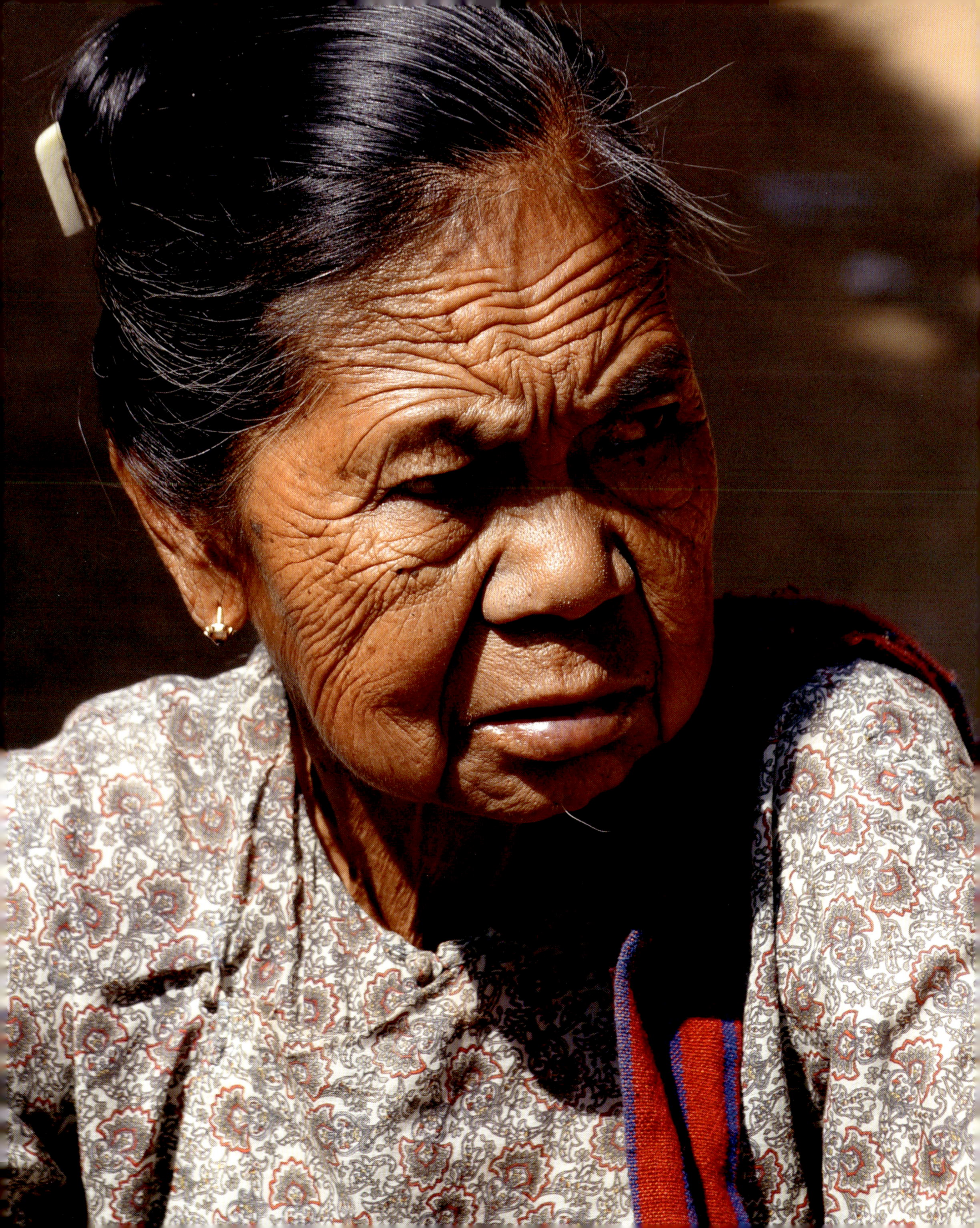

Seit Rudyard Kiplings Zeit ist die »whickin' white cheroot«, die dicke burmesische Zigarre, als unverkennbarer Bestandteil burmesischer Lebensart bekannt. Der Tabak, der im Shan-Staat angebaut wird, ist mit Tamarinde, Zuckerrohr, getrockneten Bananen und einheimischem Schnaps aromatisiert. Als Deckblatt verwendet man die großen Blätter der *Cordia meiser*, eines Baumes, den vor allem die Pa-O anpflanzen.

Pa-O Männer tragen ein zum Turban gedrehtes Handtuch auf dem Kopf. Dieser verkauft grünen Tee.

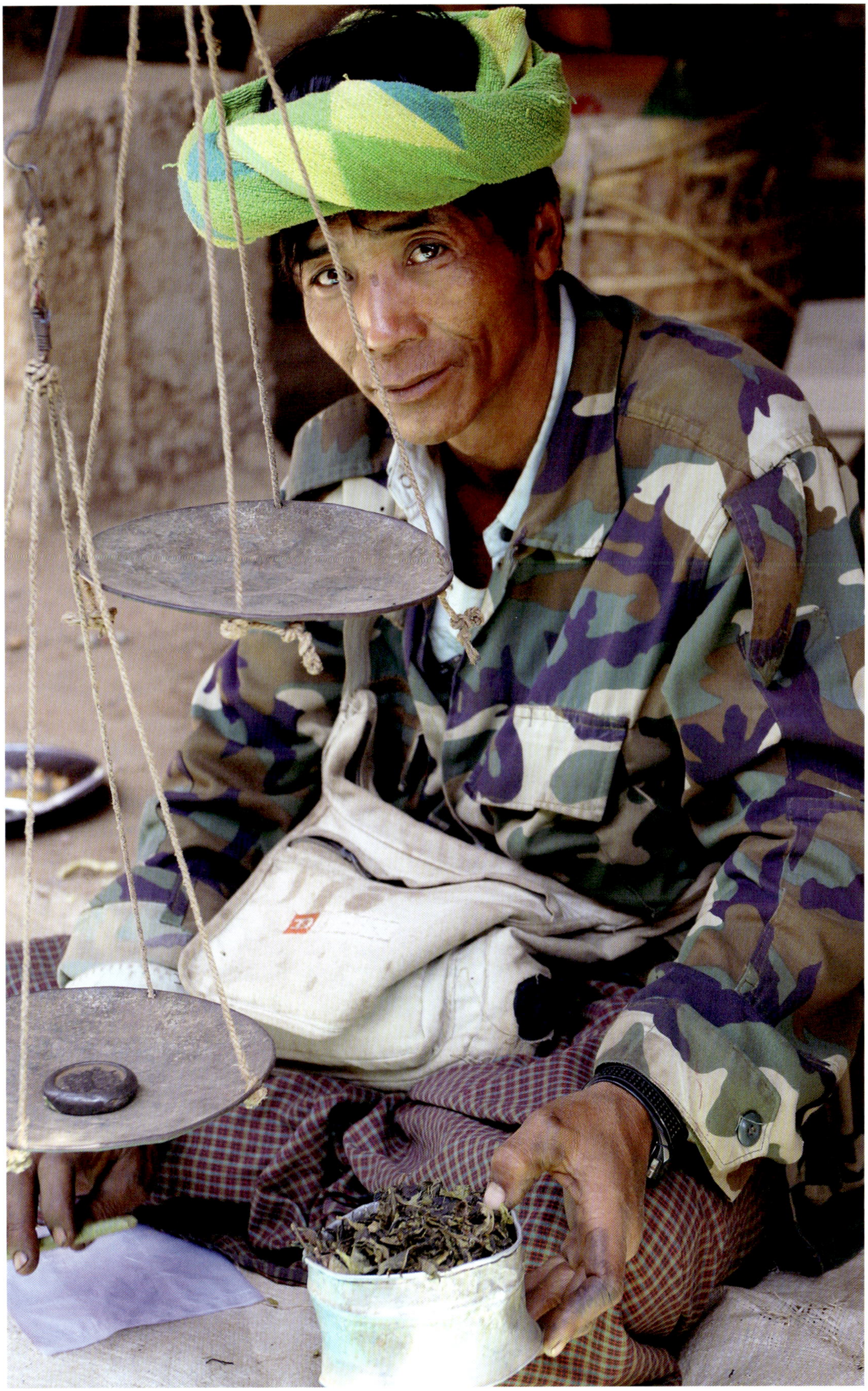

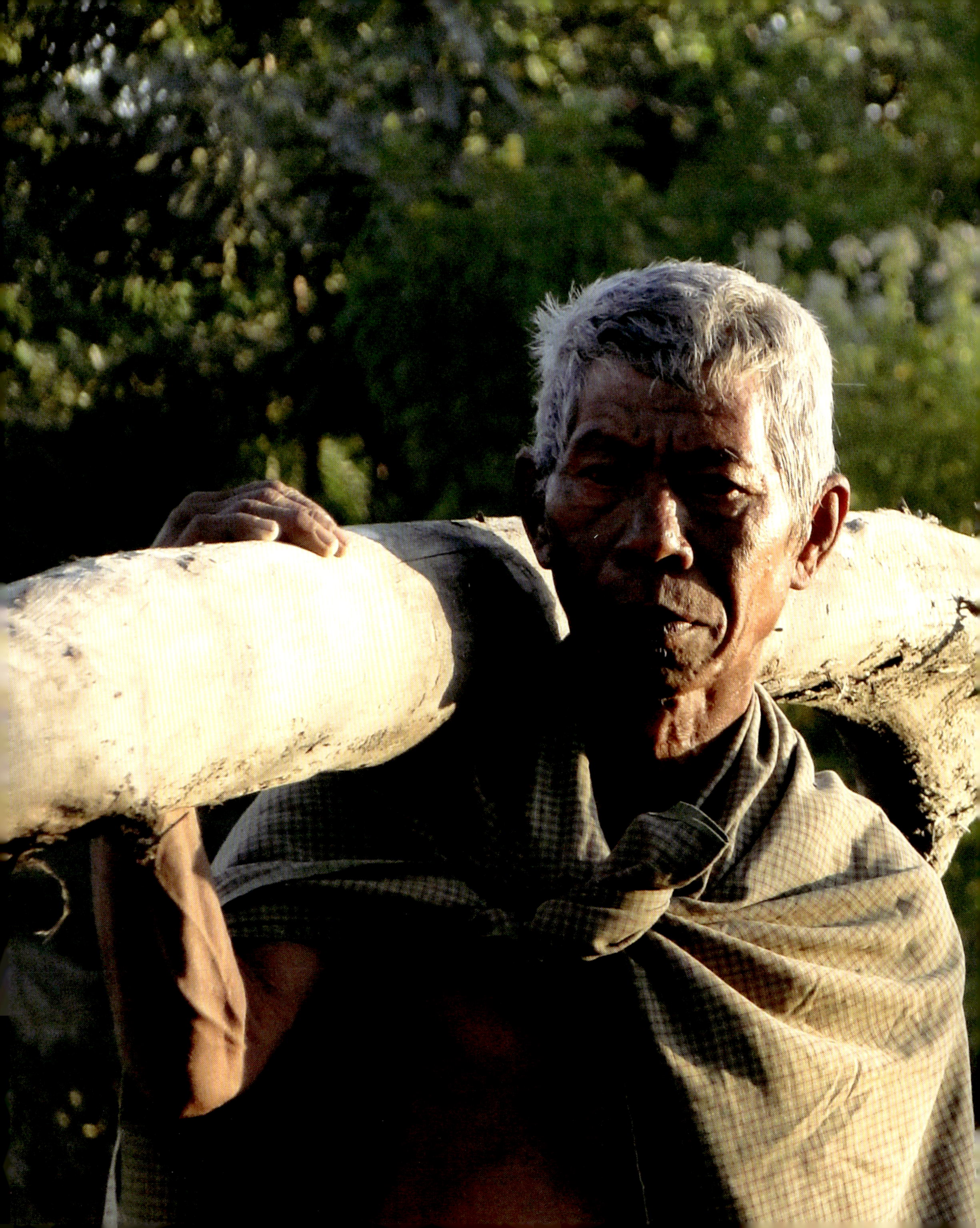

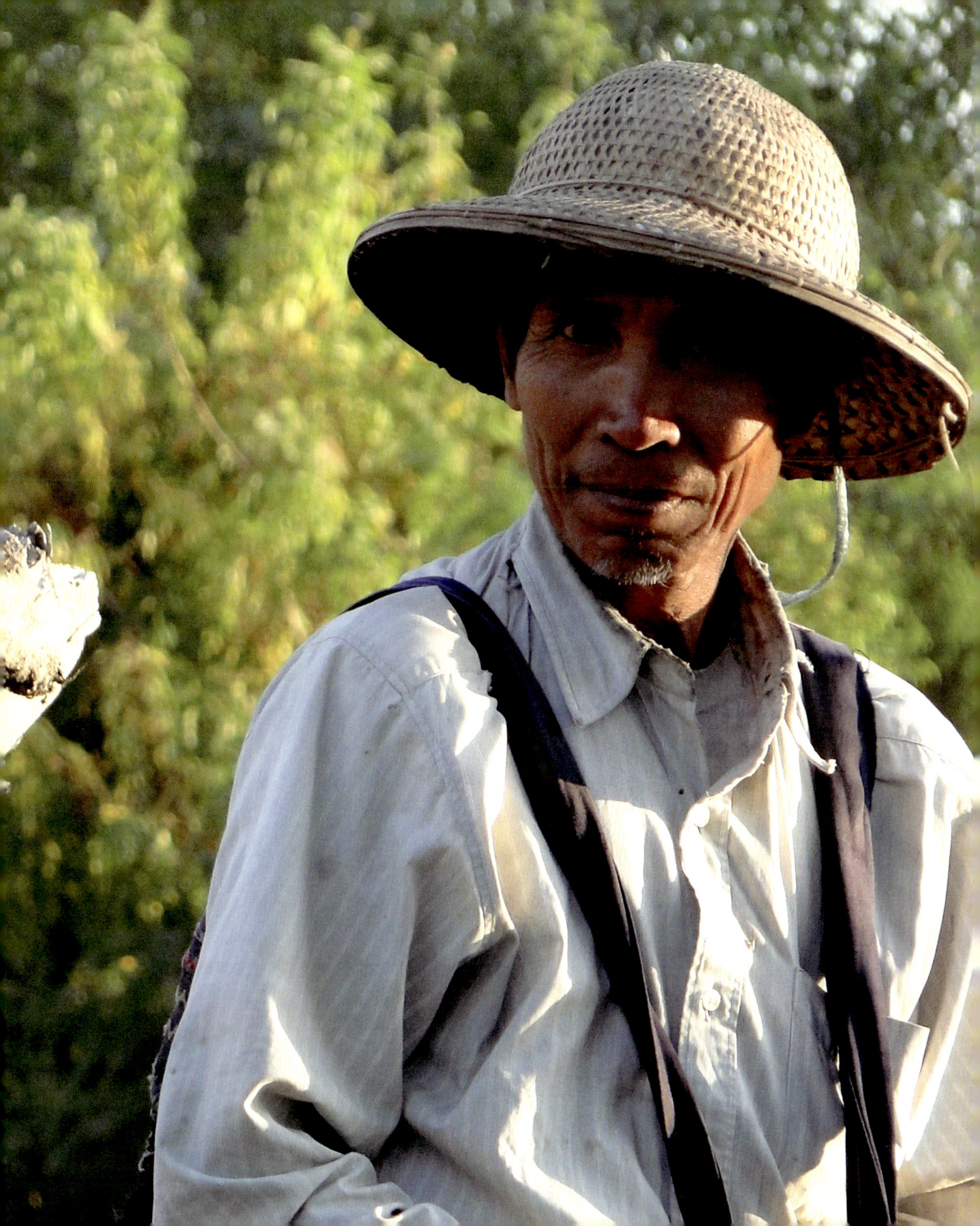

Gesichtslandschaften, die in jedem Alter faszinierend sind.

    Frauen tragen zum Schutz ihrer Haut eine Paste aus Thanaka *(Limonia acidissima)* auf ihr Gesicht auf.

    Die Baumrinde des Thanaka-Holzes wird mit Wasser auf einem Mahlstein zerrieben und ergibt so eine Paste, die eine glatte Haut und Schutz vor Sonne und Staub verspricht. Viele Frauen lieben die Paste und deren erfrischenden Duft, der auch geeignet sein soll, die Stimmung aufzuhellen. Häufig wird sie schmückend und mit Verzierungen aufgetragen. Die erste detaillierte Quelle über den Gebrauch von Thanaka stammt von einer Mon-Prinzessin aus dem 14. Jahrhundert.

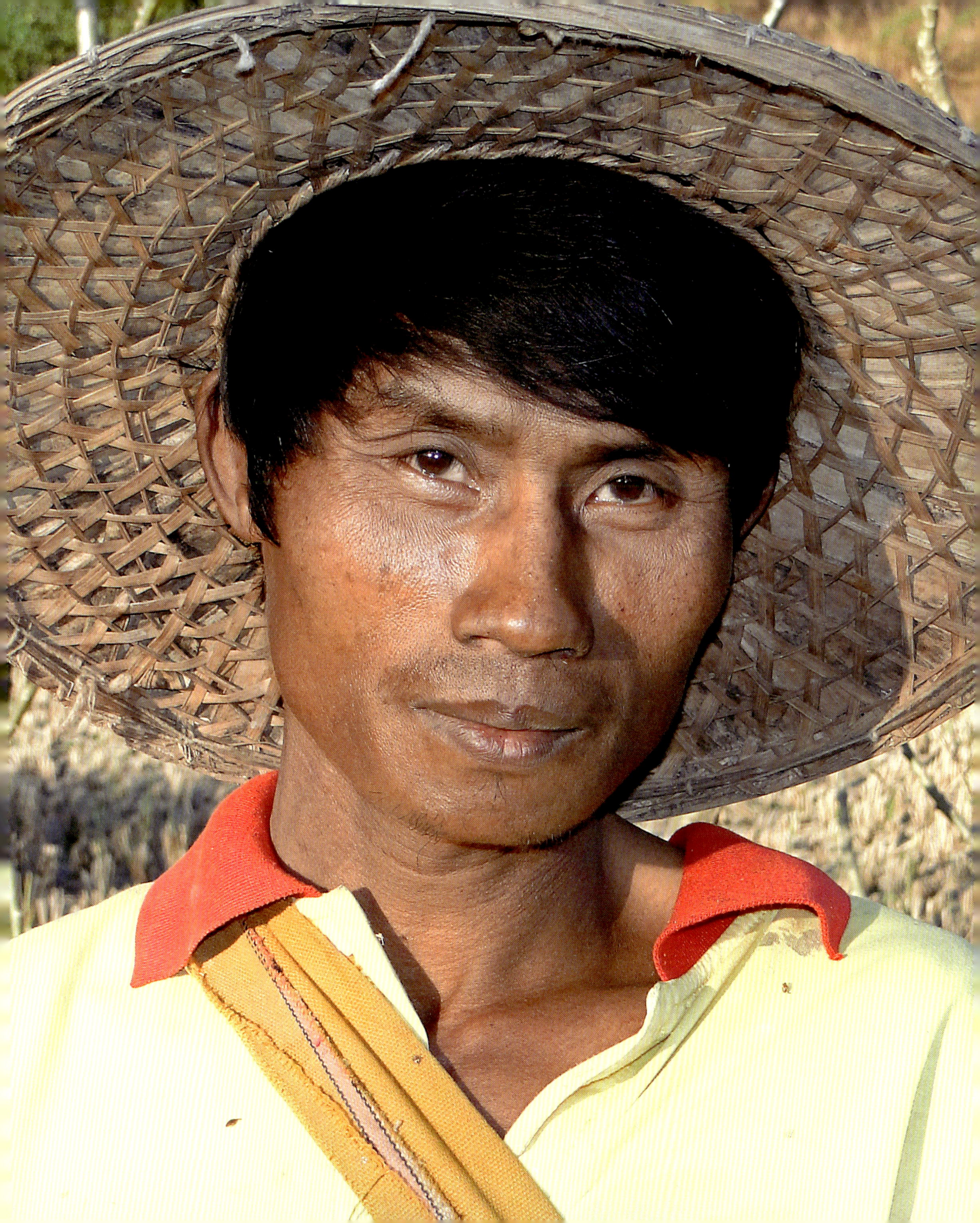

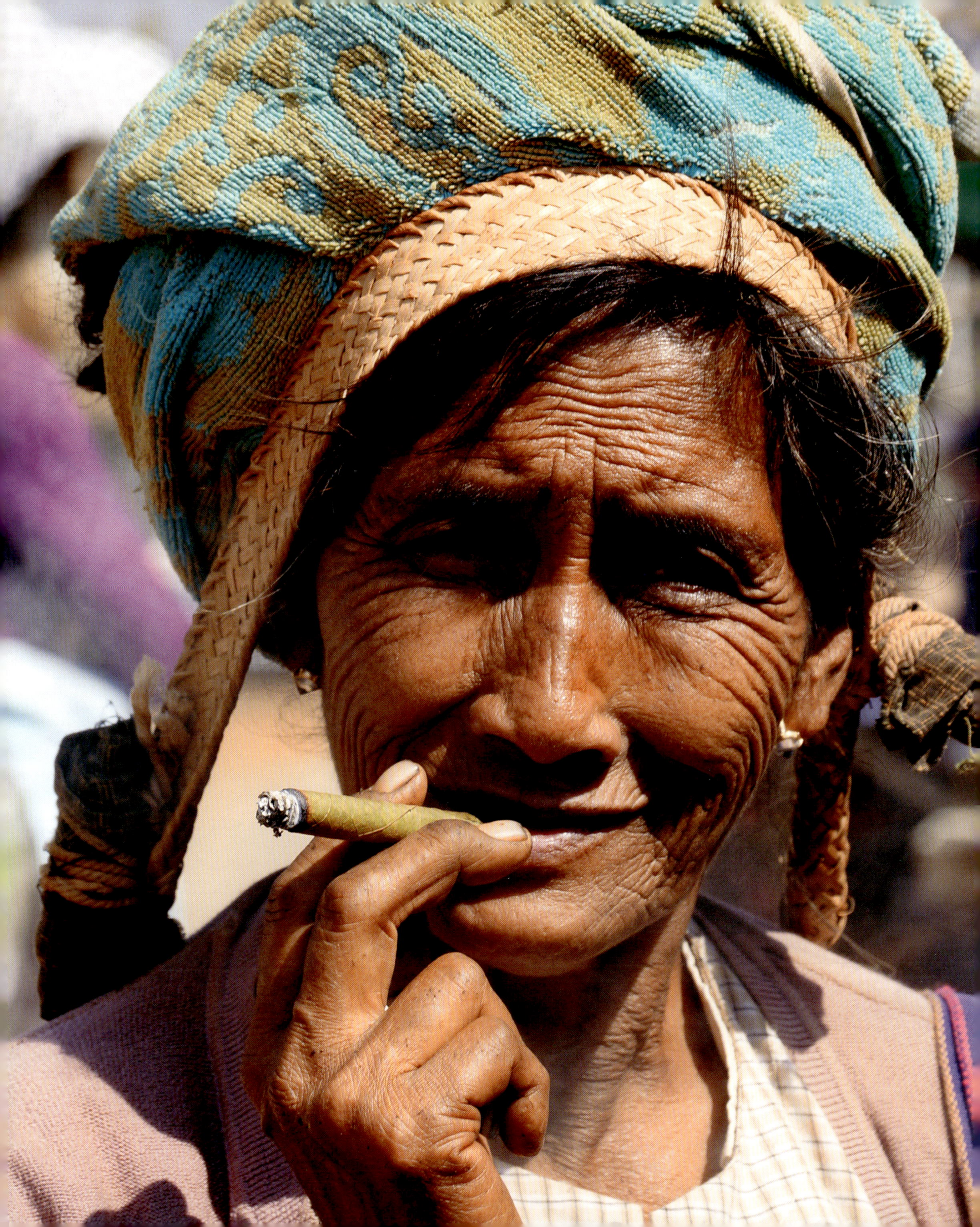

*Wenn du in jedem lebendigen Wesen
die Seele erkennst, siehst du wahrhaftig.
Wenn du im Herzen eines jeden sterblichen
Wesens Unsterblichkeit siehst,
siehst du wahrhaftig.*

Aus der Bhagavadgita

Begegnungen mit tradiertem Brauchtum: die Tätowierung der Gesichter der Chinfrauen, wie man sie im Chin-Staat noch finden kann. Der Chin-Staat liegt im Westen Myanmars. Hügel und Berge sind mit Wäldern bewachsen und es ist eine urige, wilde Landschaft bis heute. Nur wenige Touristen kommen dorthin. Die Angehörigen der meisten Chin-Stämme sind Christen und Animisten. Animisten haben im Allgemeinen die spirituell-religiöse Vorstellung von der Beseeltheit aller Naturerscheinungen. In jedem Stein, jeder Pflanze, jedem Tier und jedem Menschen, auch an jedem Ort entwickelt Lebenskraft einen eigenen Willen, der natürlichen Regeln folgt.

An den Straßen und in den Dörfern sind Y-förmige Totempfähle aufgestellt. Sie dienen animistischen Zeremonien. An den Häuserfronten sieht man die Geweihe der geopferten Methan-Rinder und sonstige Tierschädel. Die Chins haben jahrhundertelang die Gesichter ihrer pubertierenden Mädchen mit den unterschiedlichsten Mustern nach bestimmter Stammeszugehörigkeit tätowiert. Die Tattoos waren und sind ein Symbol für Stärke und durch Leidensfähigkeit erworbene Würde, verbunden mit der Zugehörigkeit zum eigenen Stamm. Durch die Tätowierung ihrer jungen Mädchen wollte man einen Raub durch die birmanischen Herrscher verhindern. Seit 1996 ist diese Tradition offiziell verboten.

Tätowierte Frauengesichter im Chin-Staat

In Mindat bin ich Ouk Pu (83 Jahre) begegnet, die ein vollkommen schwarz tätowiertes Gesicht hat. Die Tätowierung der Utbu ist die schmerzhafteste Version aller Chin-Zeichnungen, denn es gibt im gesamten Gesicht keinen einzigen Millimeter Haut, der nicht tätowiert ist. Das gesamte Antlitz von Ouk Pu ist eine einzige dunkle Fläche.

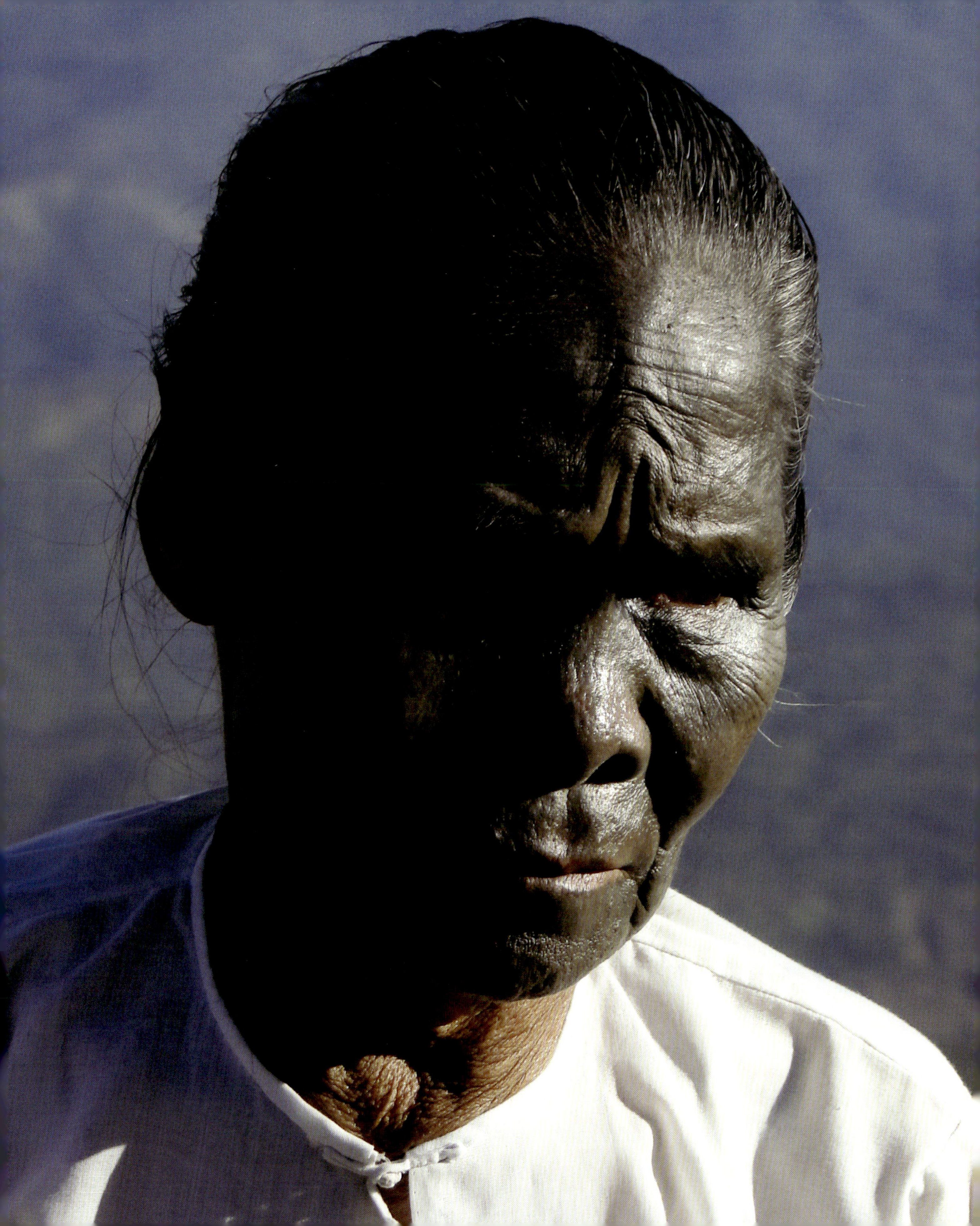

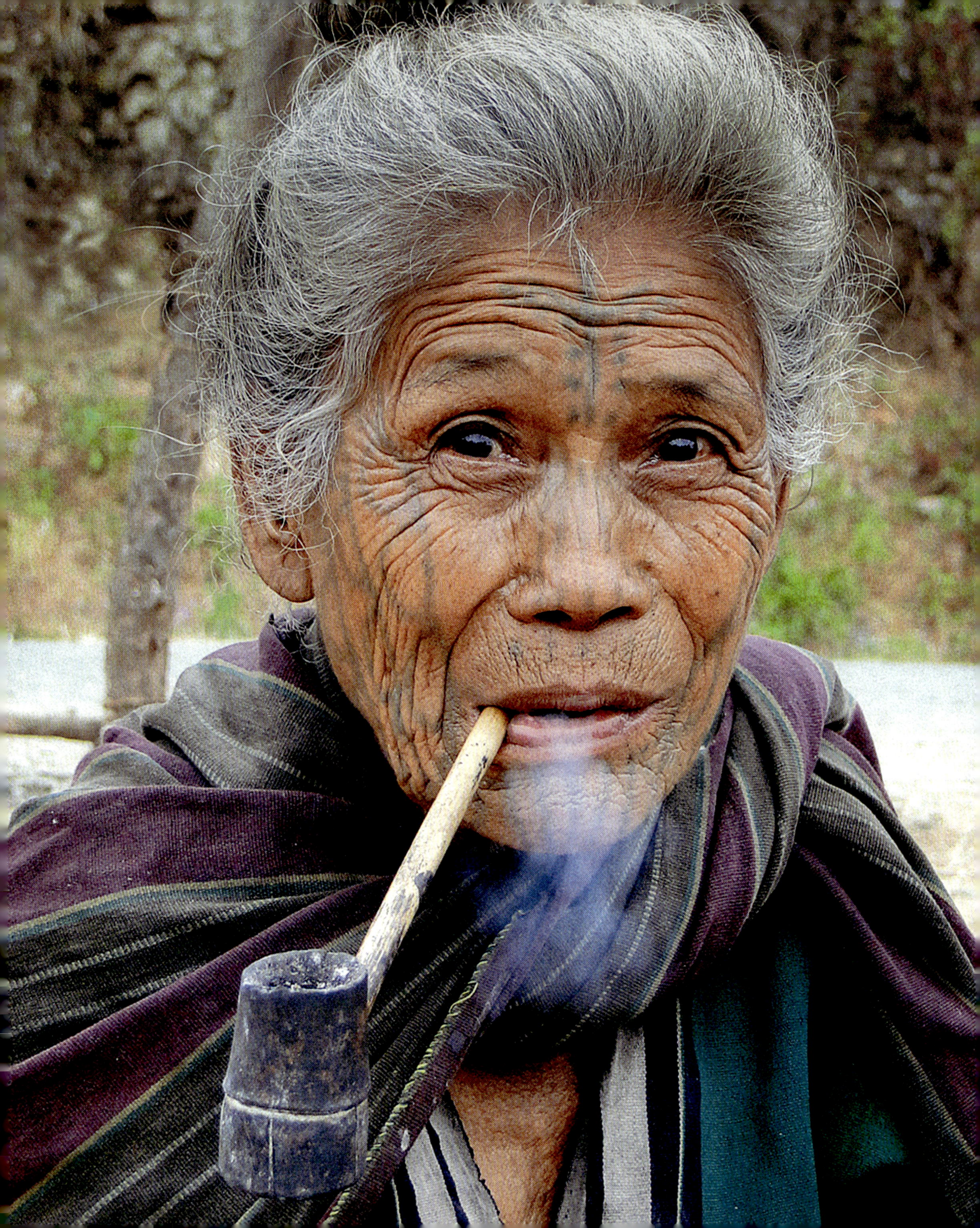

Eine betagte Daw der Muun Chin-Frauen würde ohne ihre Bambuspfeife niemals ihr Heim verlassen. Ihre lebendigen Gesichtszüge und tiefen Lebenslinien lassen ihre Tätowierungen nur noch erahnen: stilisierte Perlenketten auf den Wangen und einen Opferpfahl auf der Stirn.

Die 84-jährige Chin-Frau Daw Plain wurde als 12-jähriges Mädchen innerhalb nur eines Tages tätowiert. Dabei wurde sie mit einer geflochtenen Bambustür auf den Boden gedrückt, während der Tätowierer den ganzen Tag auf ihr sitzend arbeitete. Ihre Familie hielt sie unterdessen an den Armen und am Kopf fest. Noch heute leidet sie sehr unter diesem traumatischen Erlebnis und ihr schwarzes Gesicht findet sie beängstigend. Diese »Maung-Ju« genannten »Blutgesichter« waren kostspielig für die Familien und kosteten manchmal sogar das Leben eines jungen Mädchens.

Daw Ma Ling, eine Chin-Frau vom Stamme der Yindu, trägt seit jungen Jahren das Stammestattoo – unzählige Linien über das ganze Gesicht und die Augenlider.

Daw Kaang, einer 74-jährigen Chin-Frau vom Stamm der Dai, tätowiert mit Punkten und Linien, konnte ich zuhören, wie sie ein Lied auf der Nasenflöte spielte. Zuvor jedoch hat sie ihre »Tracht« angelegt, zu der vor allem die gewaltigen Ohrpflöcke gehören. Diese werden aus Kalebassen (Flaschenkürbissen) gefertigt und mit bunten Perlen verziert.

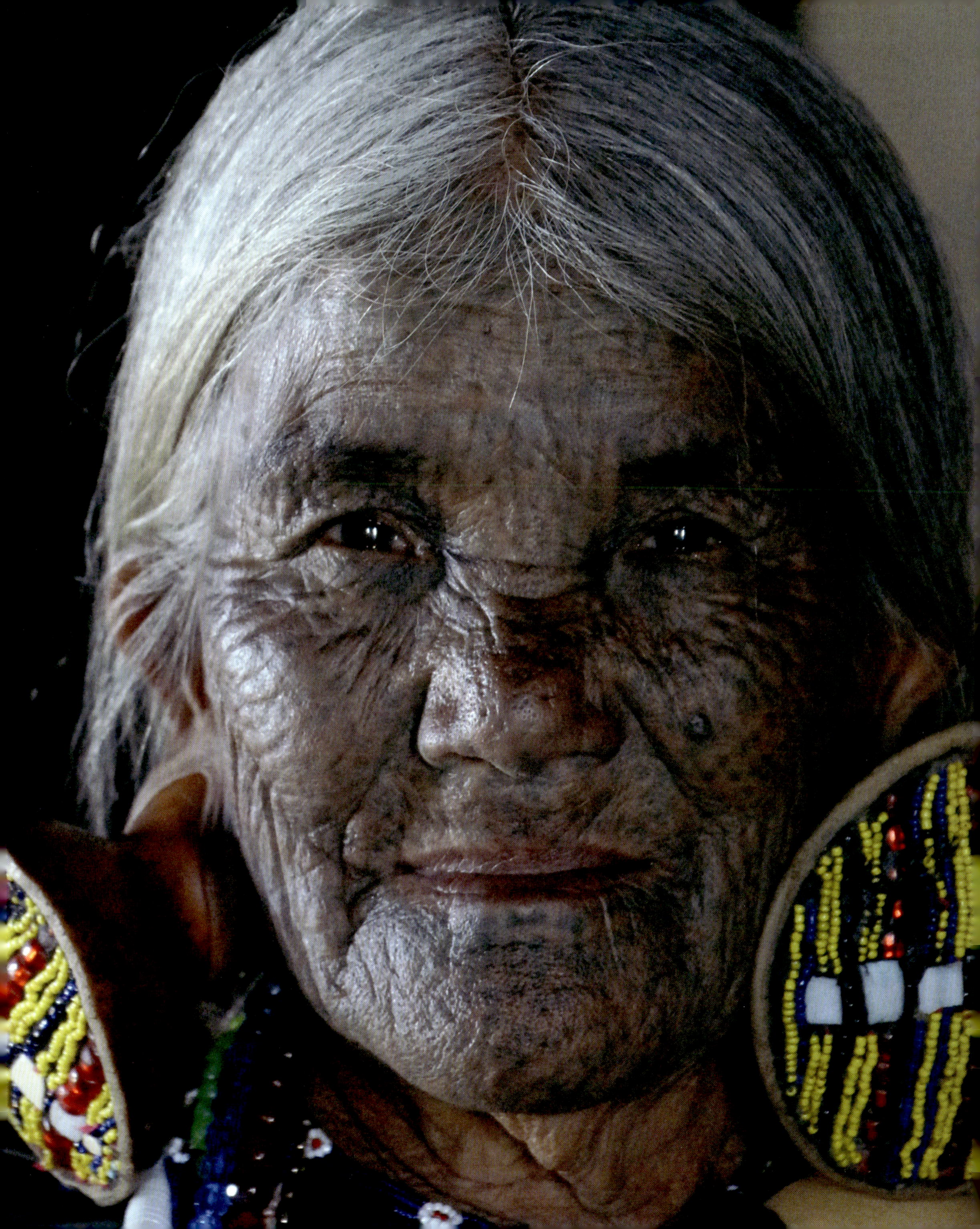

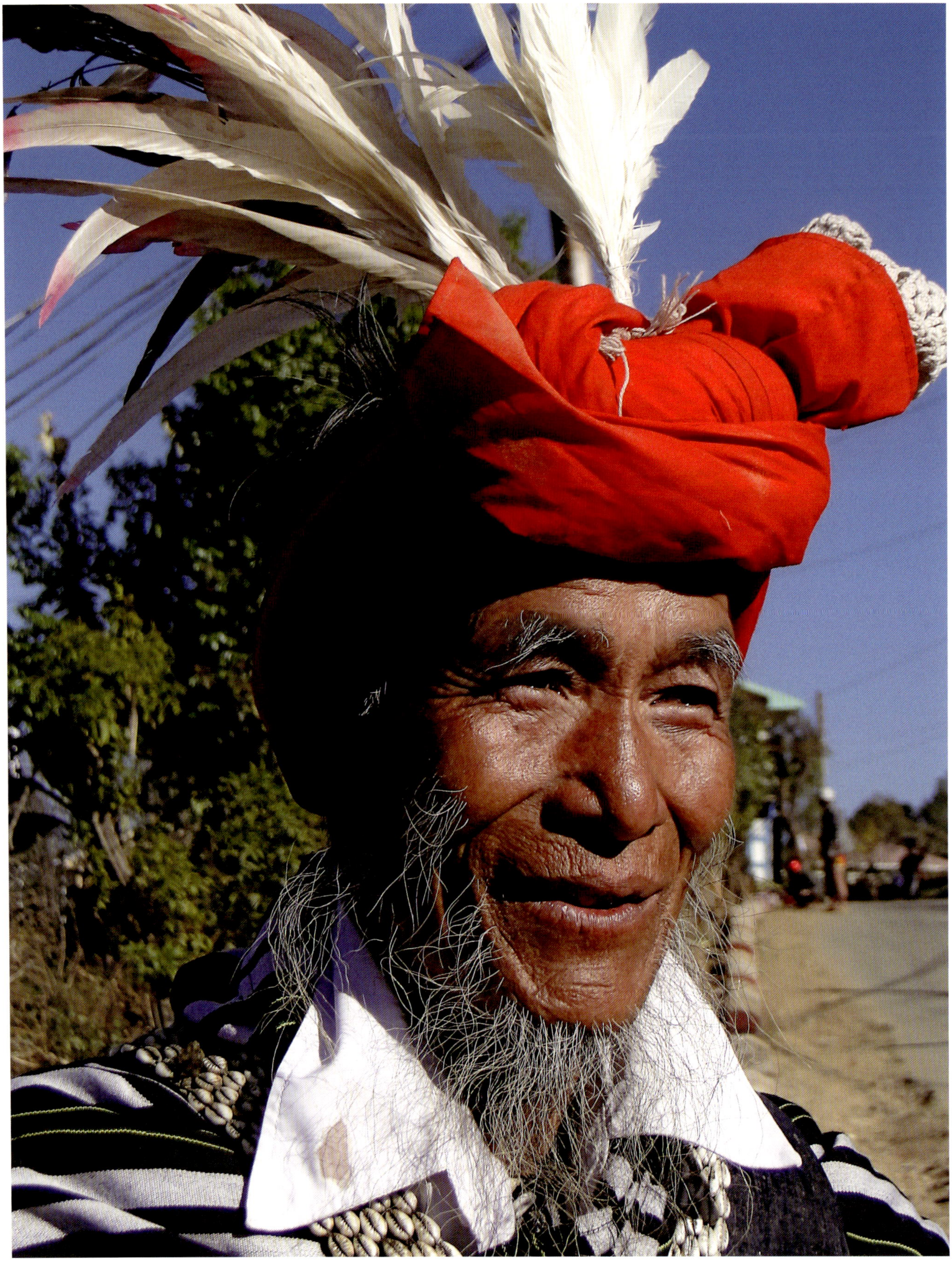

Ältere Chin-Männer sind stolz auf ihre urtümliche »Tracht«: Federschmuck in der Kopfbedeckung, Ketten und eine handgewebte Weste in den dorfüblichen Farben. Zu vielen Anlässen musizieren sie auch mit Gongs und Trommeln.

Ein Stammestattoo der Muun stellt stilisierte Perlenketten auf den Wangen und einen Opferpfahl auf Nase und Stirn dar.

Eine Yindu Chin-Frau aus dem Dorf Sarch Chaung, westlich des Mount Victoria, wurde über ein Jahr hinweg tätowiert, als sie noch ein Kind war.

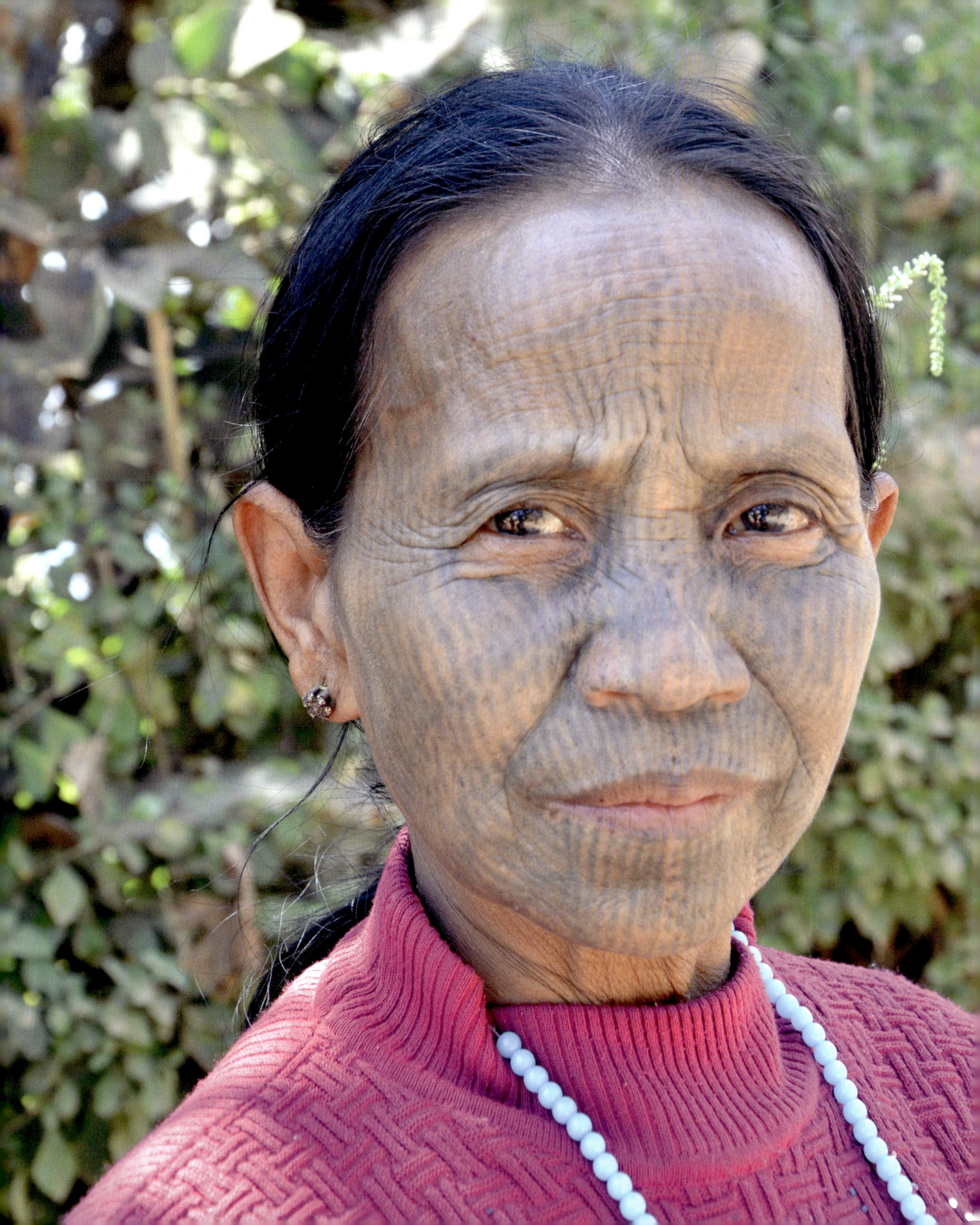

Diese Chin-Frau vom Stamm der Ngayah trägt ein Tattoo aus Linien und Punkten. Sie beobachtet andächtig eine Frau, die Garn spinnt und in ihre Arbeit versunken ist. Solche jahrhundertealten Handarbeiten scheinen beim Betrachten eine meditative Komponente zu haben.

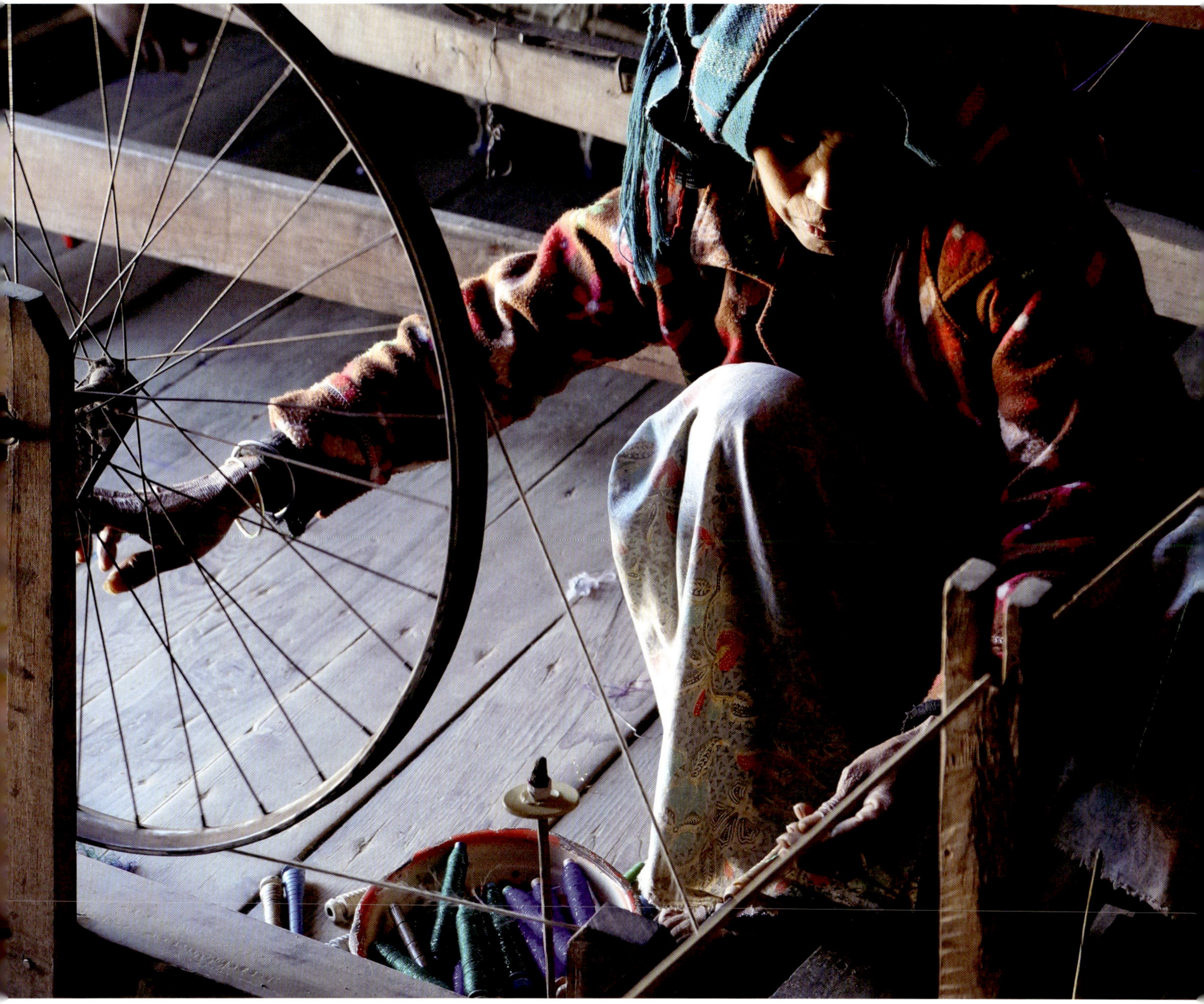

»Alle Kinder, solange sie noch im Geheimnis stehen, sind ohne Unterlass in der Seele mit dem einzig Wichtigen beschäftigt, mit sich selbst und mit dem rätselhaften Zusammenhang ihrer Person mit der Welt umher.«
Hermann Hesse

Kinder werden von den Eltern, Großeltern, Geschwistern, Verwandten und Nachbarn gehätschelt, so dass sie geschützt wie in einem Kokon aufwachsen. Ältere Geschwister kümmern sich um die jüngeren, tragen die Kleinen auf dem Arm und auf dem Rücken und teilen mit ihnen Süßigkeiten und Geschenke, die sie bekommen. Sie werden geliebt und verwöhnt, und die Schule zu besuchen, macht Freude, da Schikanen durch Lehrer völlig unbekannt sind. Buddhistische Klöster bieten vor allem Waisenkindern und Kindern aus benachteiligten Familien einen kostenlosen Schulbesuch an. Im Gegensatz zu staatlichen Schulen wollen die Mönche in ihrer Erziehungsarbeit die Ideale der Wahrheit, Gleichberechtigung, Gewaltfreiheit und Selbständigkeit vermitteln.

Kinderfreuden

57

*Unser Bewusstsein ist
nicht wirklich Dein oder Mein;
es ist das Bewusstsein des Menschen,
das sich entwickelt hat, gewachsen ist,
sich erweitert hat
über viele, viele Jahrhunderte.
Wenn man das versteht,
dann wird unsere Verantwortung
außerordentlich wichtig.*
Jiddu Krishnamurti

Fürsorge, Liebe und Zärtlichkeit gibt Shakuntala ihrem Enkel. Sie möchte ihrer Familie nicht zur Last fallen und tut, was sie noch kann. Die Liebe zu dem Kind steht ihr ins Gesicht geschrieben.

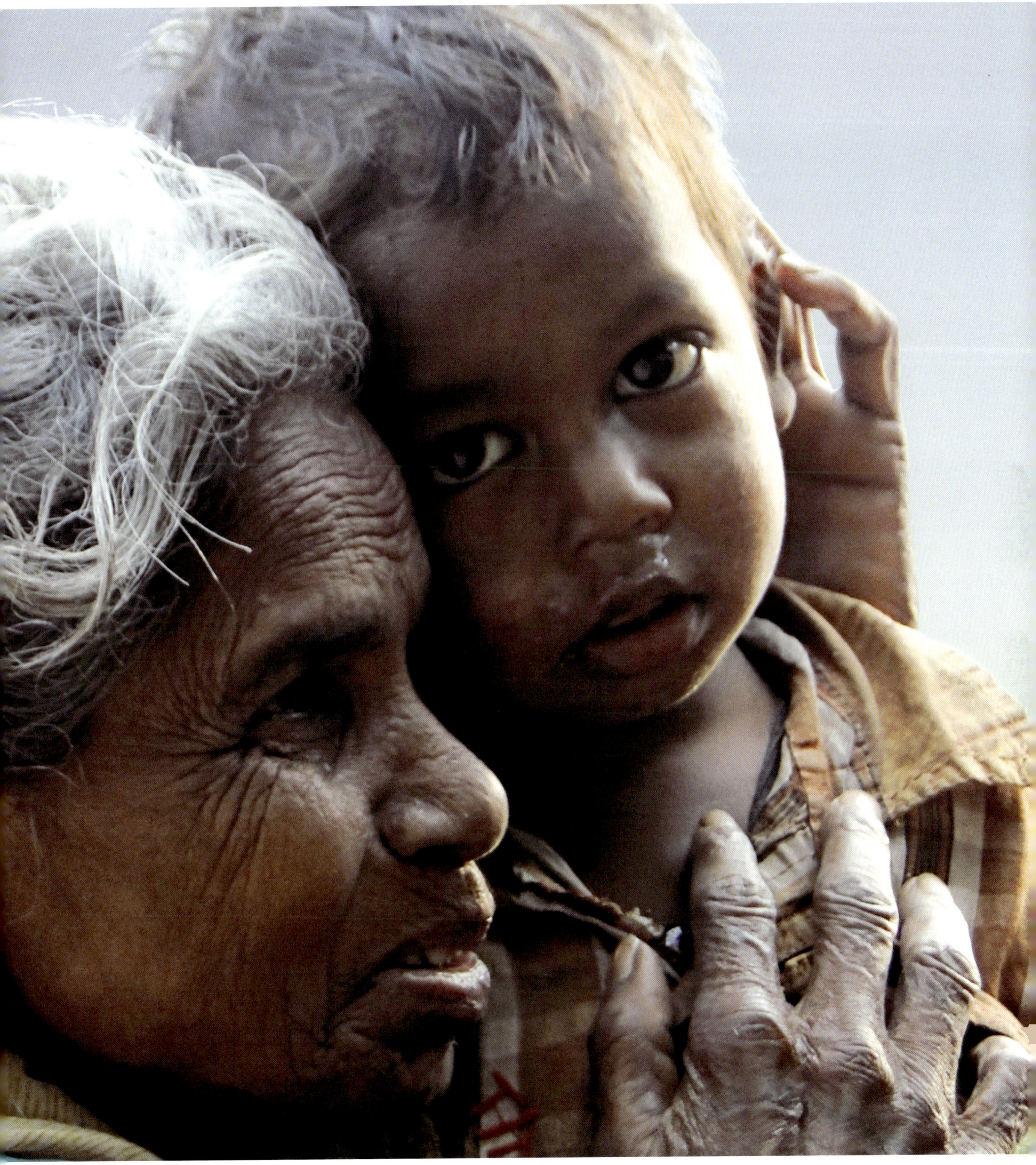

60

Aufgeregte Kindergesichter, große staunende Augen. Die kleinen Ziegen wurden für den »Fototermin« auf den Arm genommen.

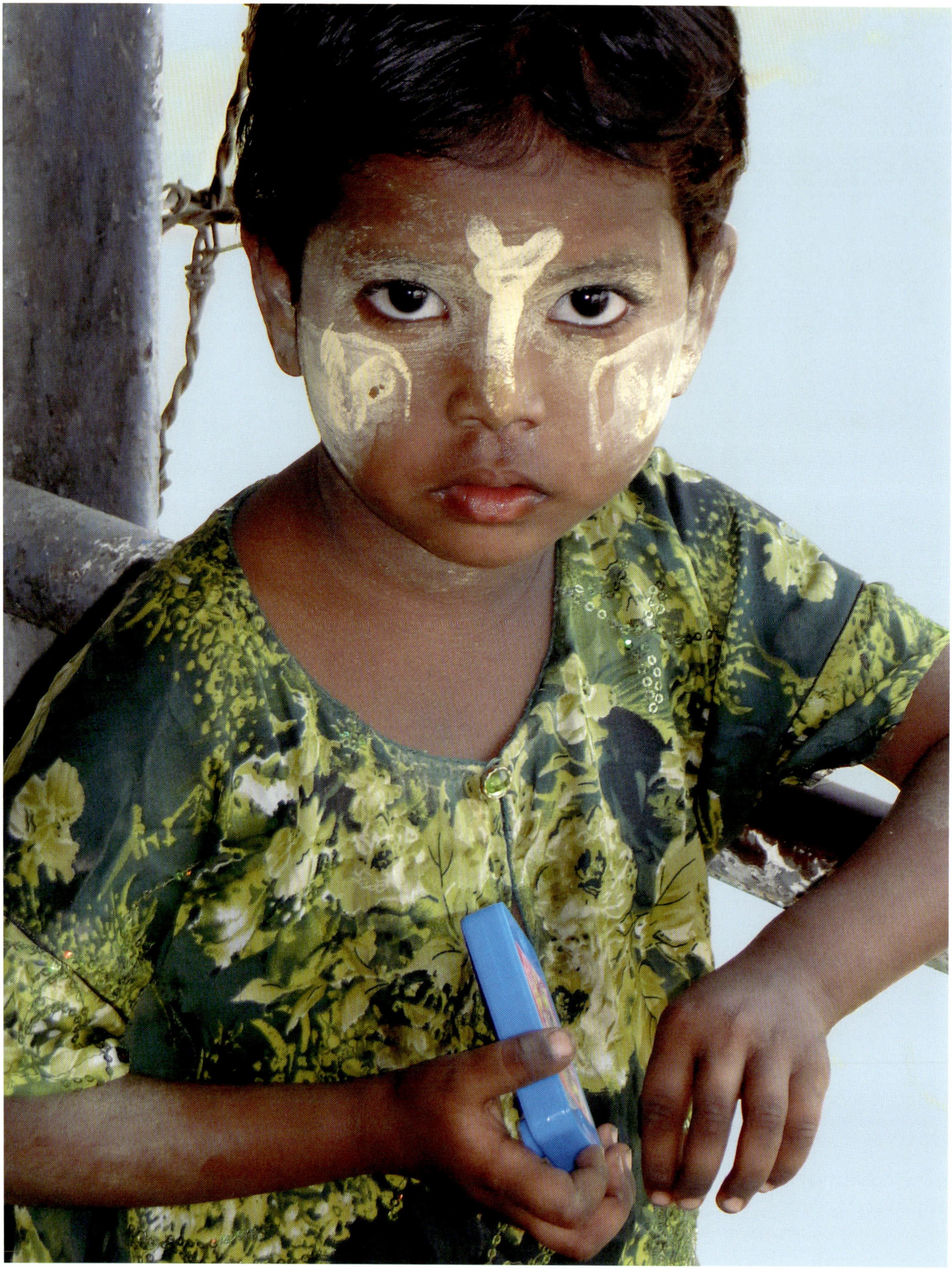

Die große Fürsorge der älteren Geschwister für die jüngeren ist selbstverständlich. Von klein auf lernen sie diese Sozialisation. Die Kleinen werden getragen, gefüttert, beschenkt und sind mit dabei. Selten hört man »Kindergeschrei«.

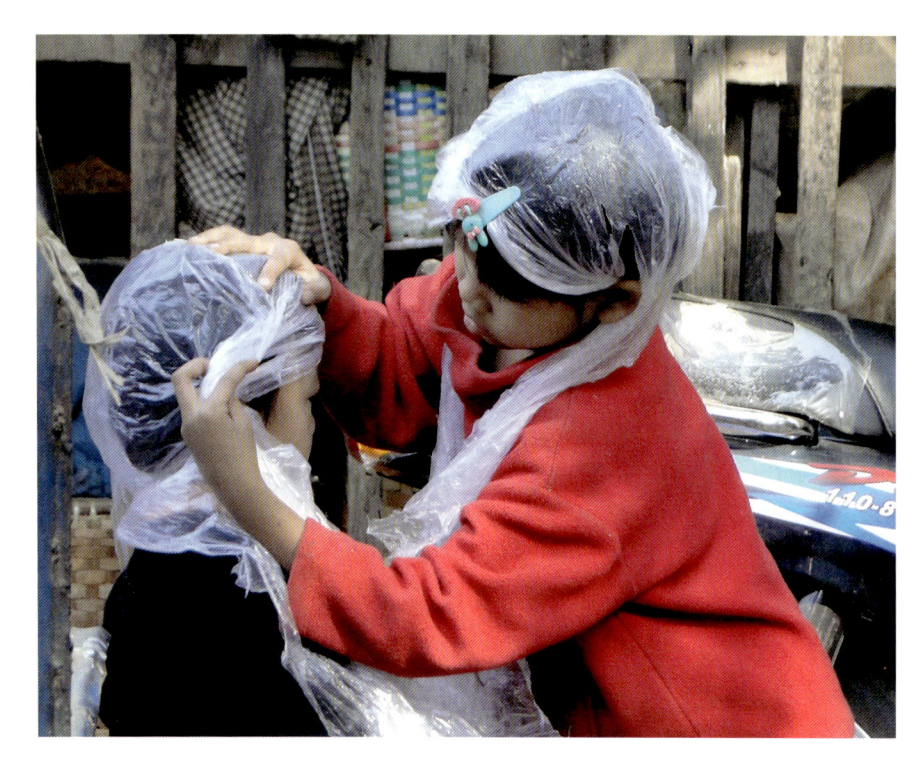

Die Spiele der Kinder sind voller Fantasie. Aus Wenigem, was ihnen zur Verfügung steht, machen sie voller Hingabe Eindrucksvolles. Kopfschmuck scheint immer hoch im Kurs zu stehen.

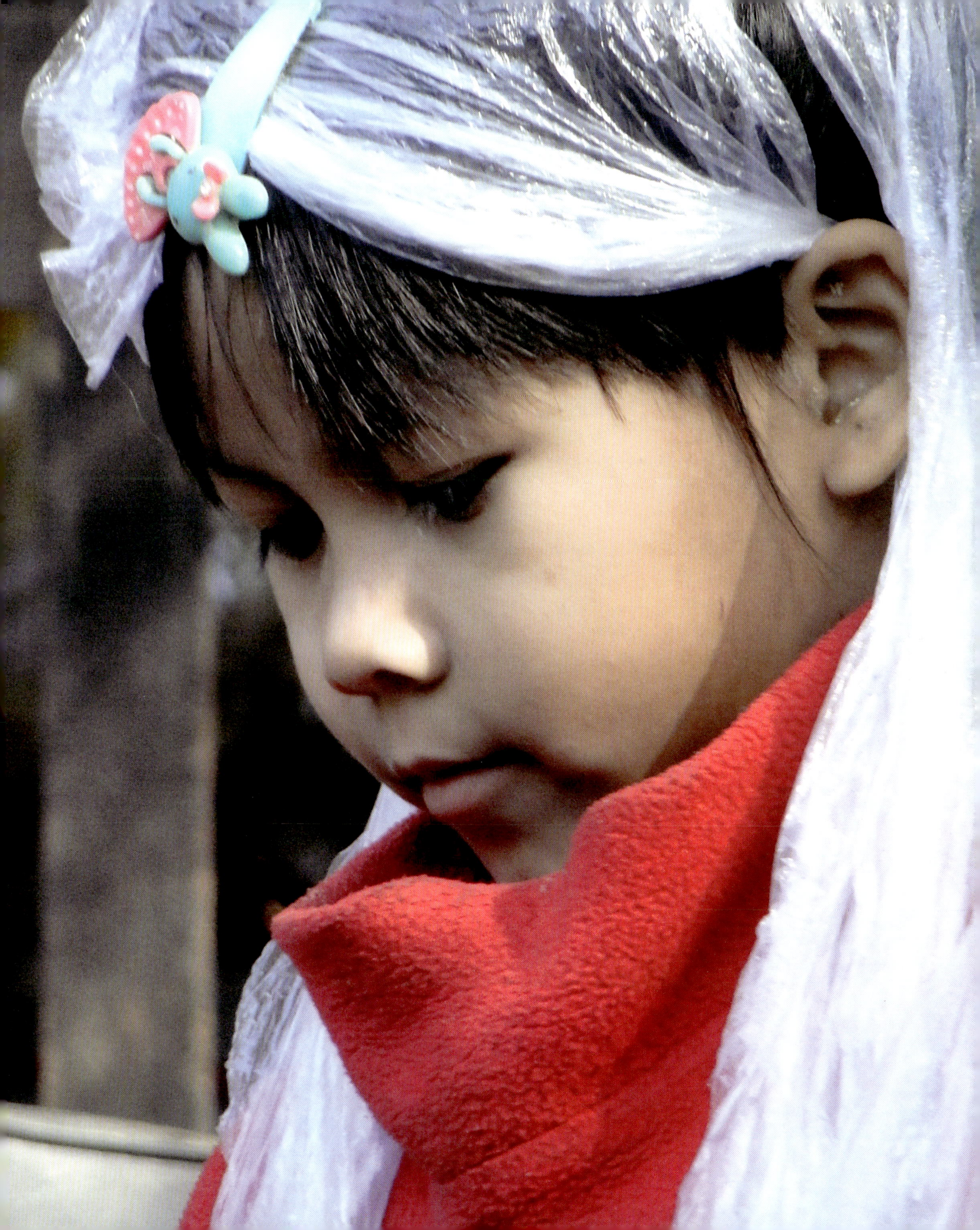

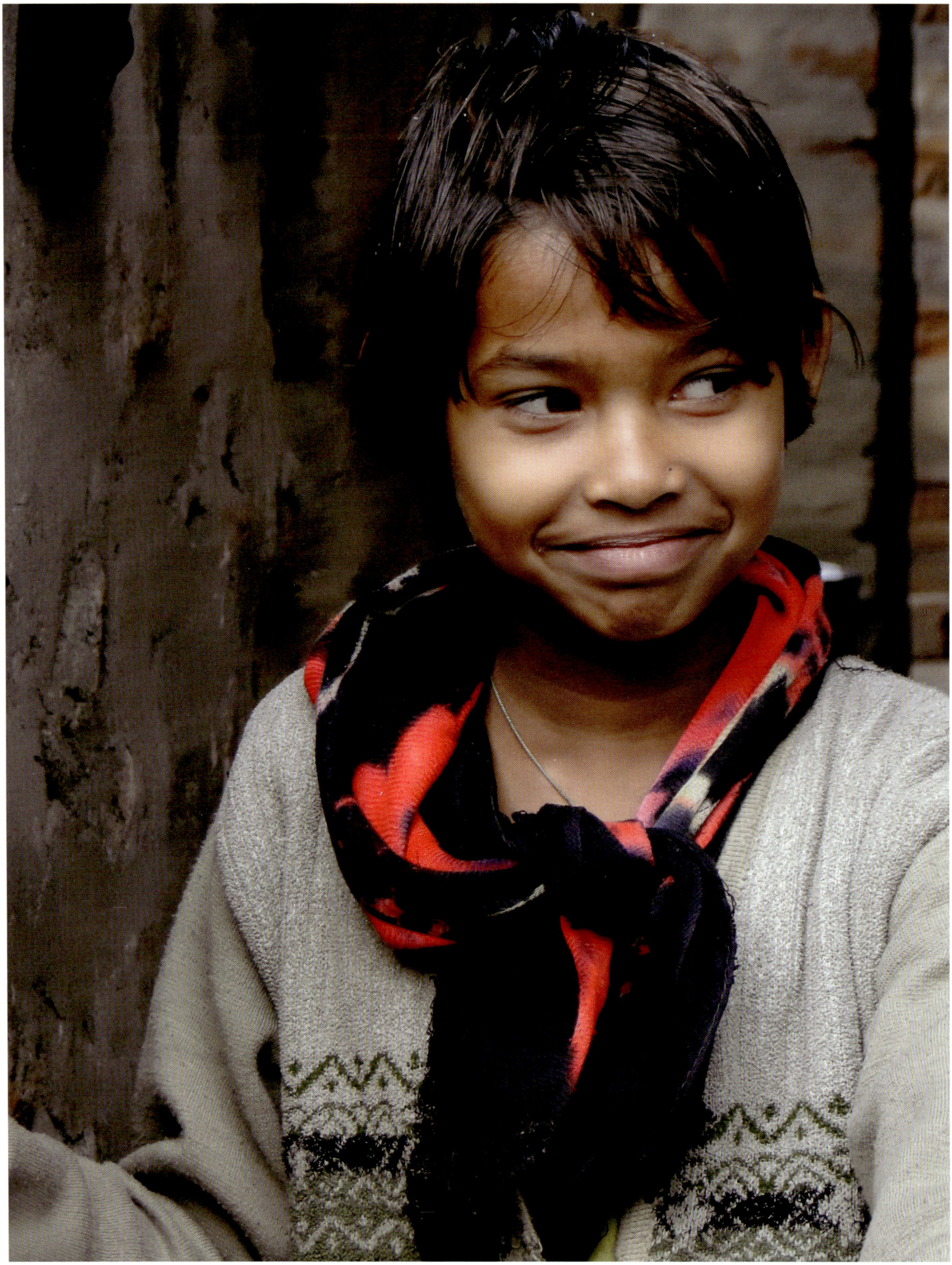

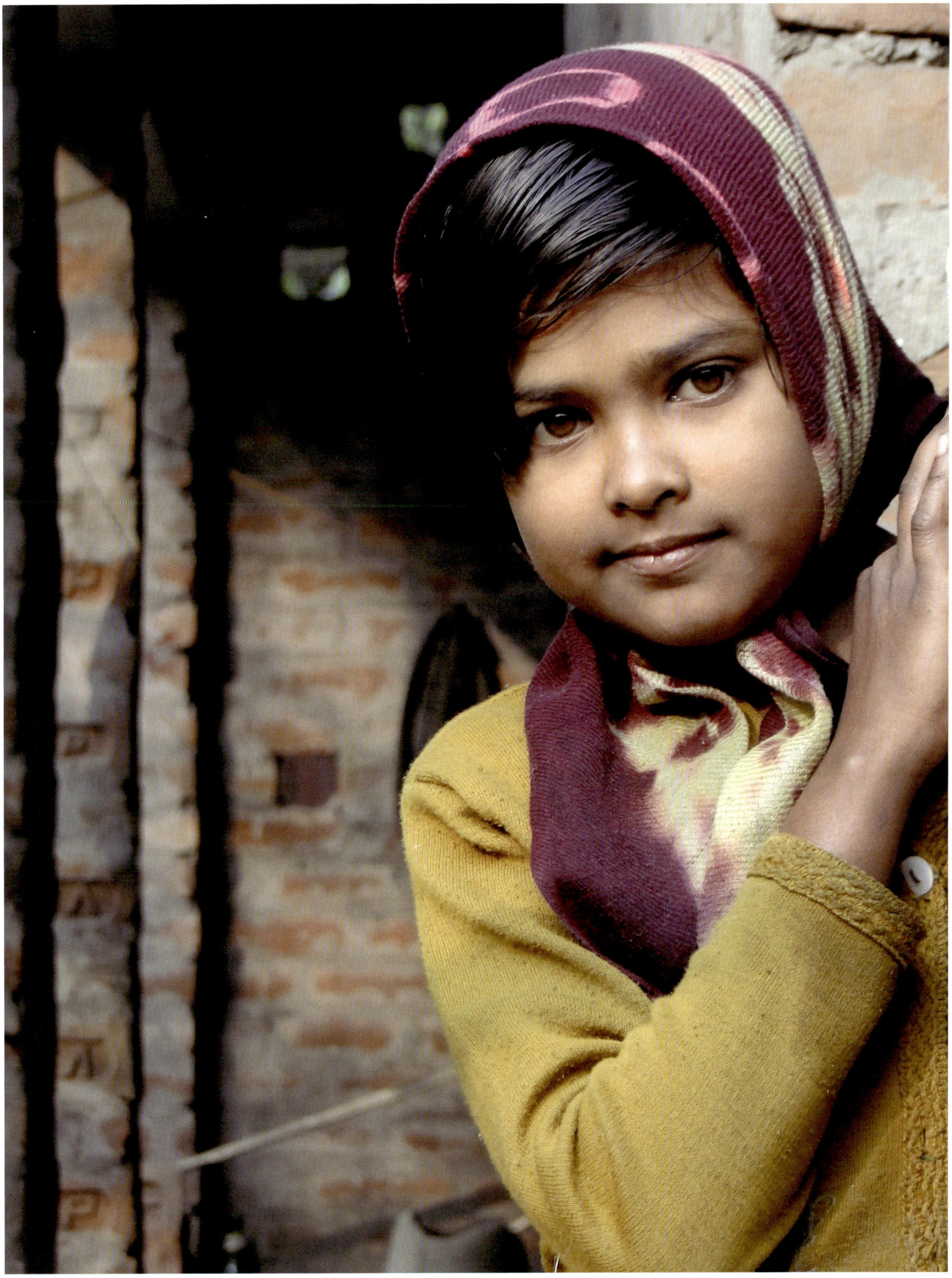

Wenn wir von kontemplativen Momenten sprechen, meinen wir ein beschauliches, verinnerlichendes Betrachten, das zu einem besonderen Empfindungszustand, ja manchmal sogar zu einer Erweiterung unseres Bewusstseins führen kann. Wir spüren Ruhe und Aufmerksamkeit und dabei lösen Bilder, die wir innehaltend betrachten, auch Emotionen in uns aus, die wir vergessen glaubten. Sie zu fühlen und sich ihrer bewusst zu werden, ist eine Möglichkeit der Selbsterkenntnis und auch eine Voraussetzung, darüber mit anderen zu kommunizieren.

»*Alles, was sich manifestiert, singt nur ein einziges Lied – das der Leere und der Fülle. Wir nehmen die Welt der Erscheinungen und des Bewusstseins wahr, die Welt des Lichts und der Finsternis, die sich in einem Tanz offenbaren, in dem es keine Trennung gibt.*« *Jack Kornfield*

Kontemplative Momente

In der nebelverhangenen Morgenstimmung am malerischen und mystischen Inle-See ergeben sich kontemplative Momente von besonderer Prägnanz. Verzaubert durch diese märchenhafte Natur möchte man die großartigen Augenblicke festhalten.

Schwimmende Gärten auf dem Inle-See, auf denen Gemüse, Obst und Blumen angebaut werden, rufen beim Betrachter eine paradiesische Assoziation hervor.

71

*»Wir sollten es lernen,
die Erde als unser Zuhause zu betrachten.
Wenn wir erkennen, dass wir eins sind,
wird die Erde zu unserem Heimatland.«*
Thich Nhat Hanh

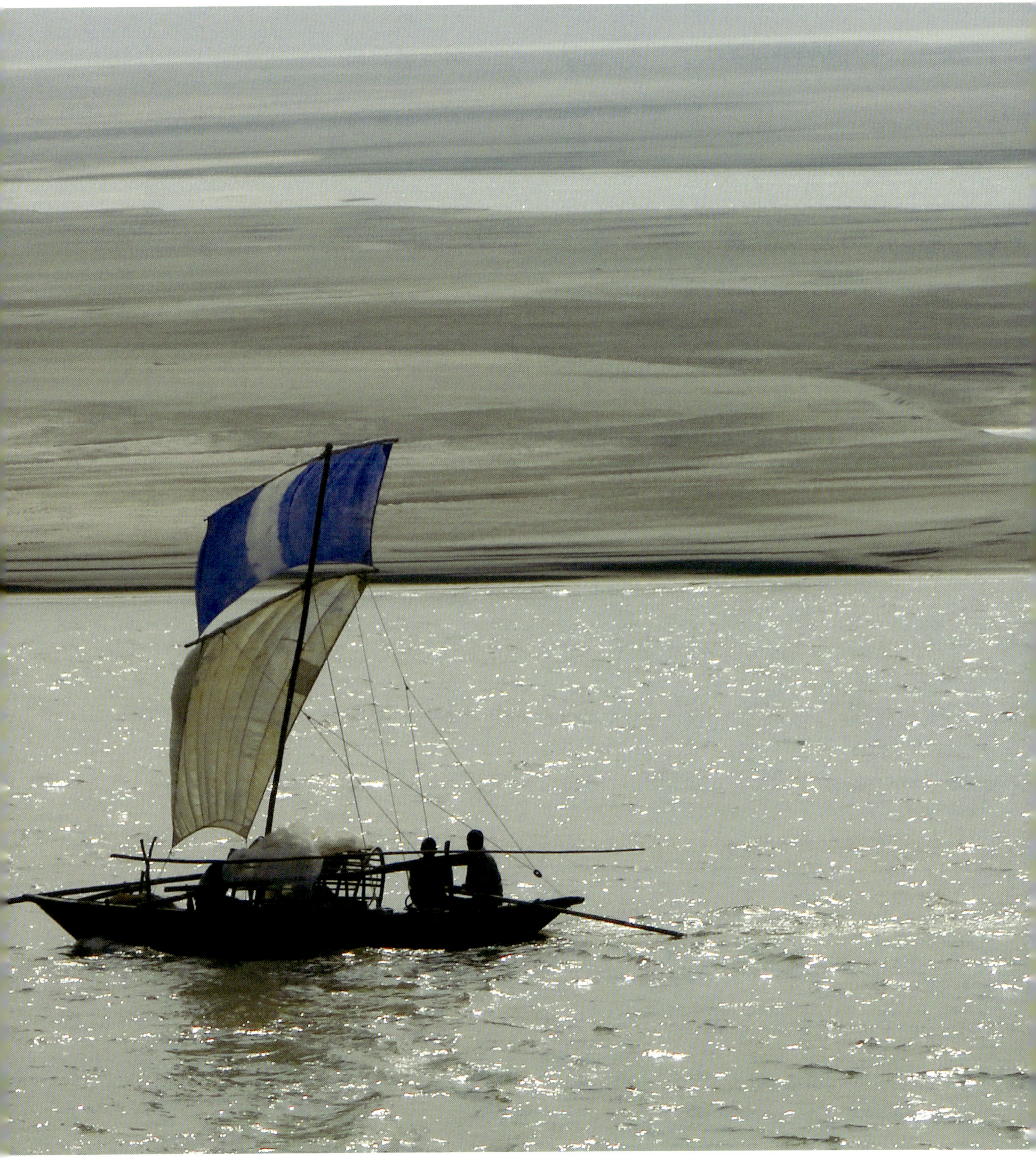

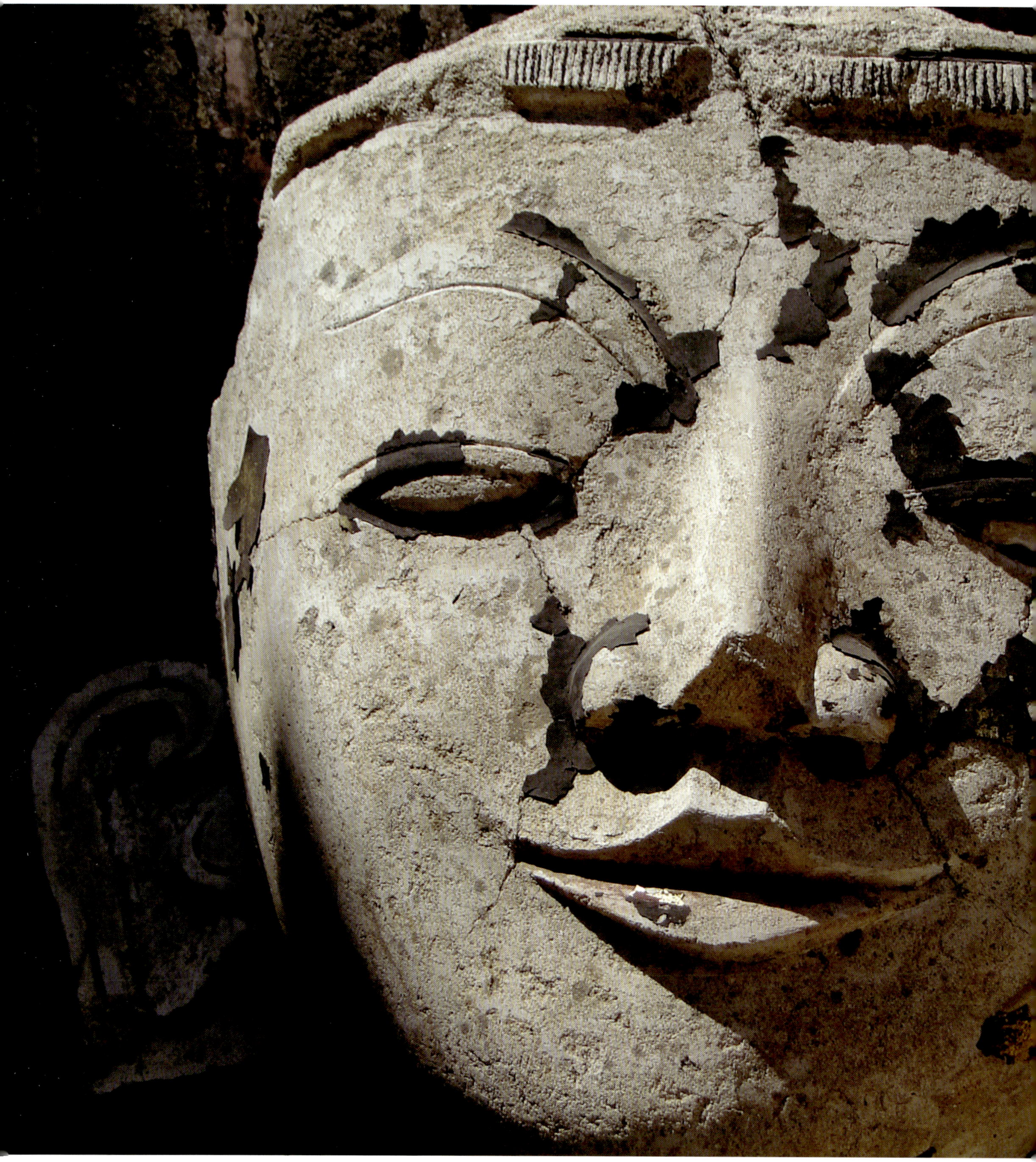

»Was ist die Seele?
Die Seele ist Bewusstsein.
Sie scheint in unserem Herzen
wie das Licht.«
aus den Upanischaden

Buddhakopf aus Stein in Sankar,
Inle-See.

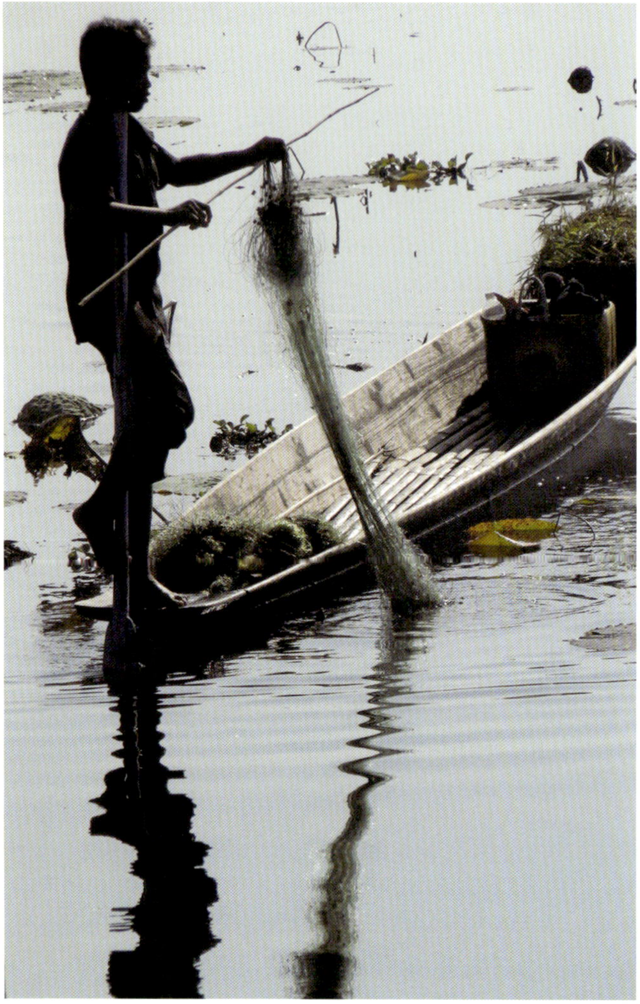

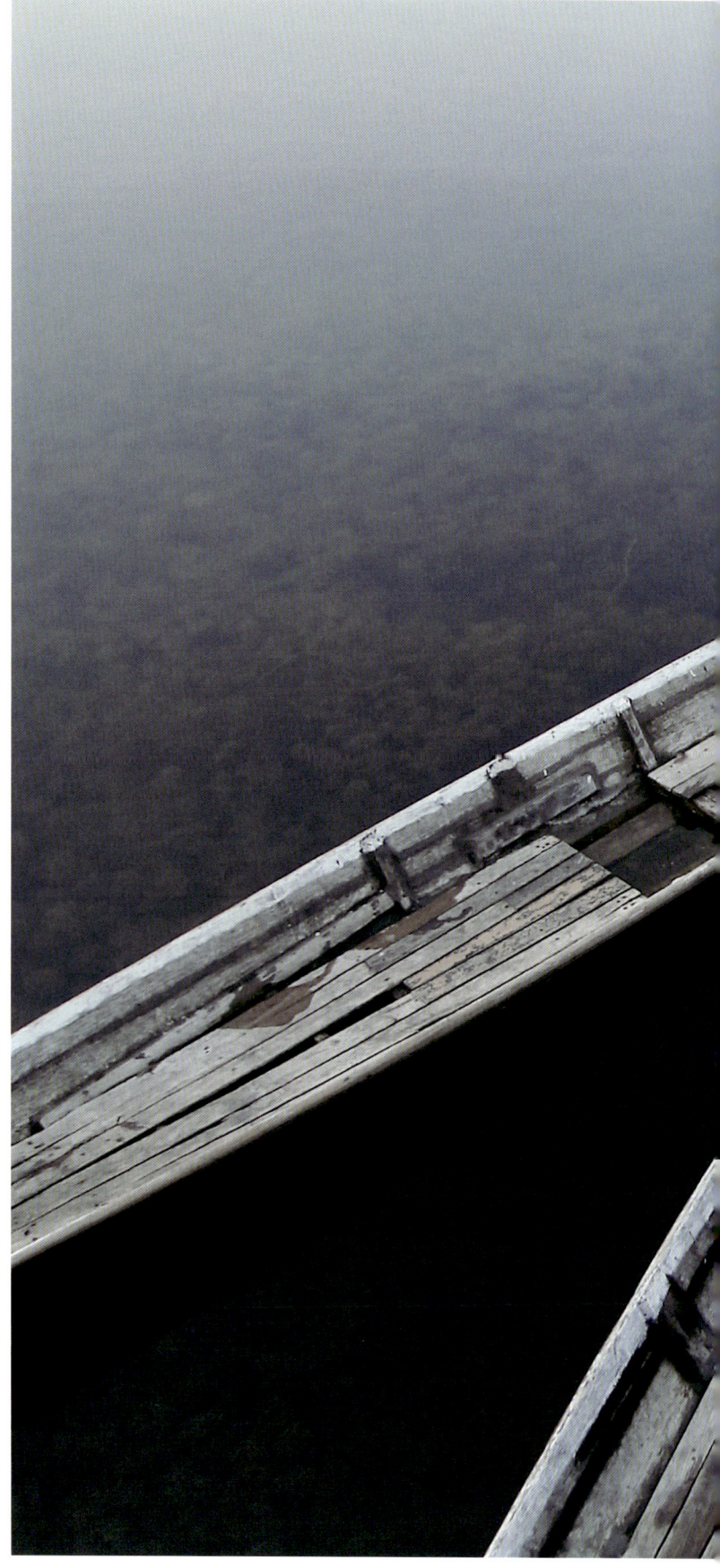

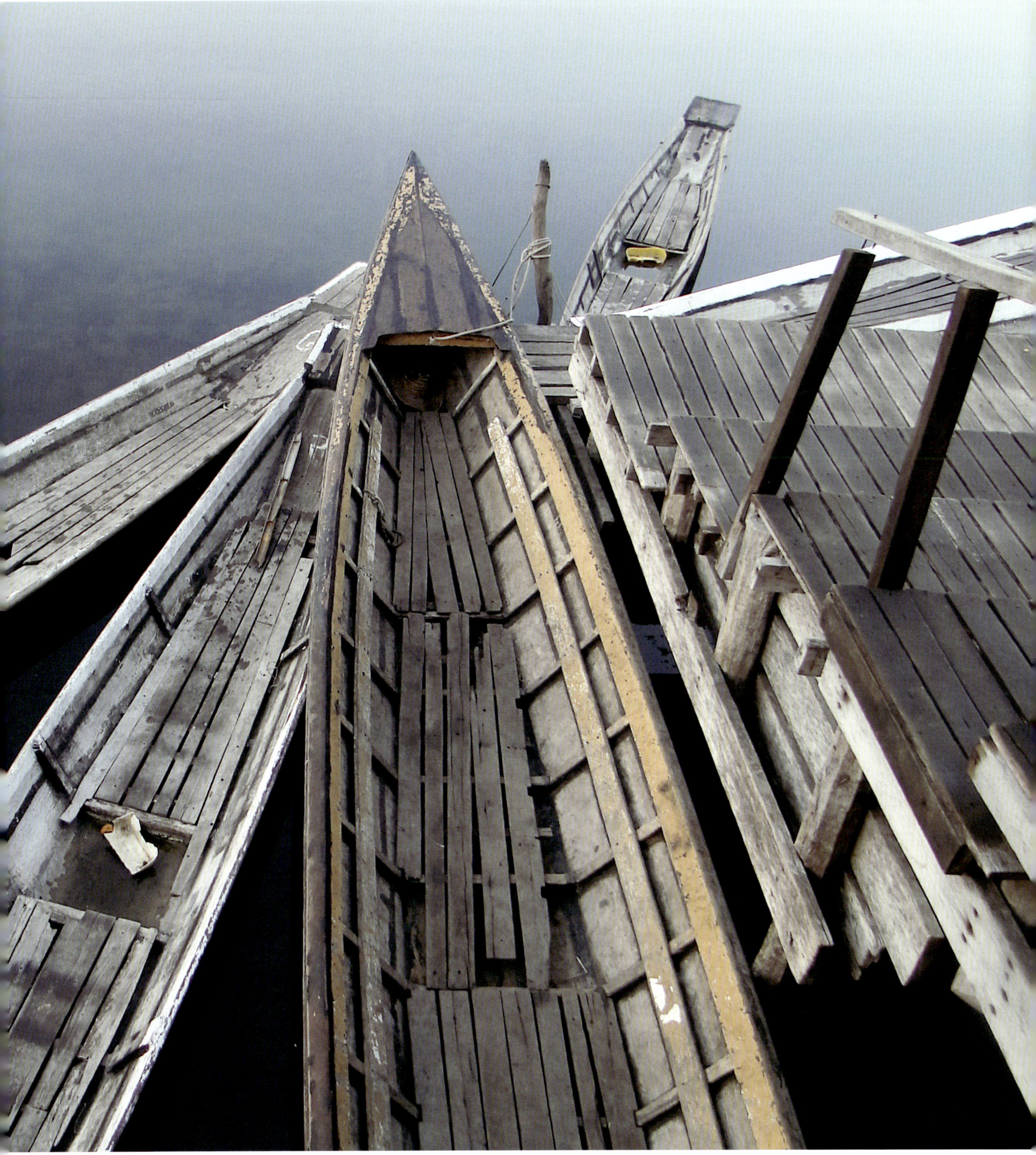

Die Blätter der Lotuspflanzen empfangen die ersten morgendlichen Sonnenstrahlen. Aus den Stängeln der Lotuspflanze werden Fäden gezogen, die zu Stoff verarbeitet werden. Ein aufwendiger Prozess und ein sehr teures, naturbelassenes Material.

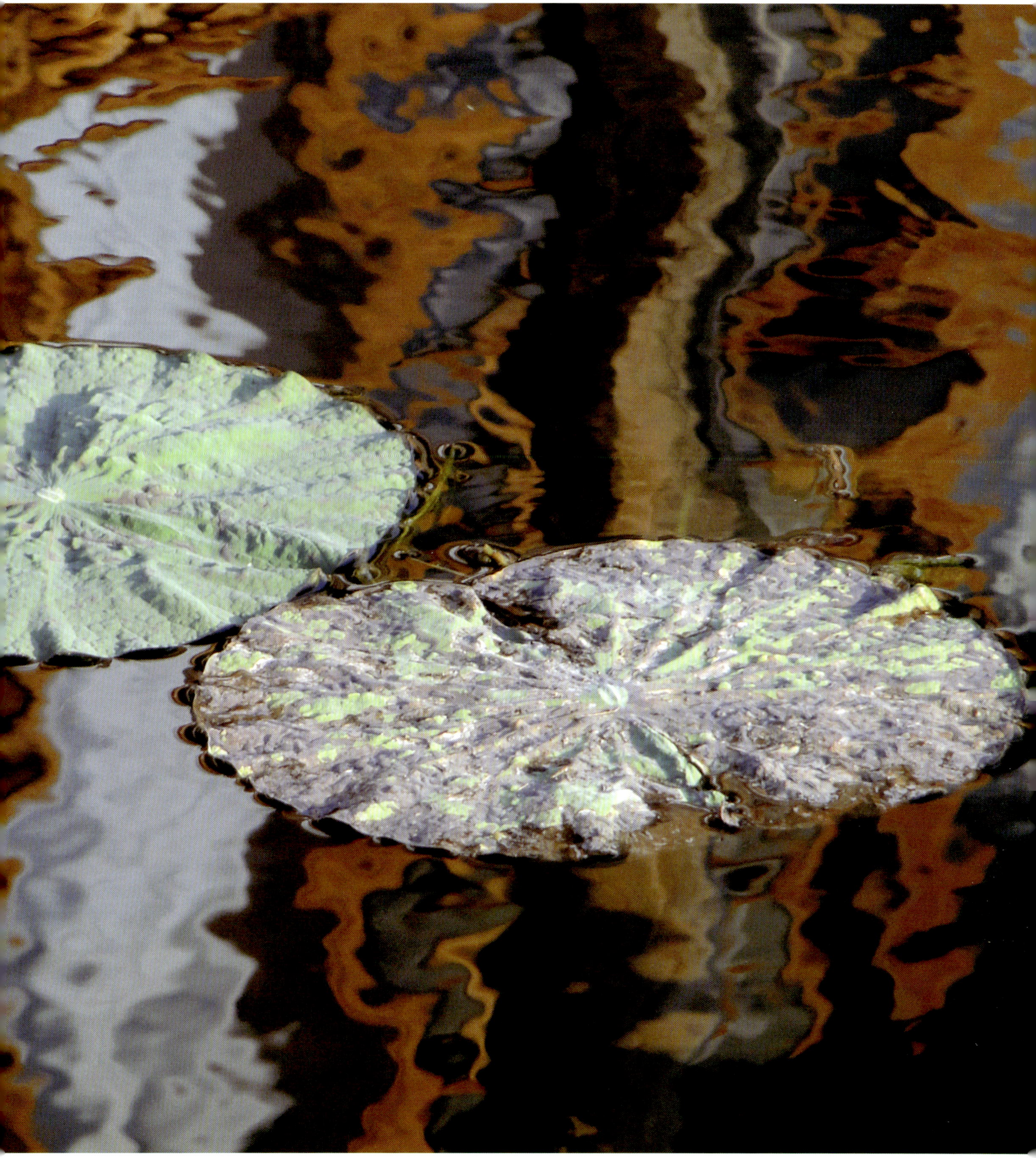

In Myanmar hat das traditionelle Handwerk einen großen Stellenwert. Die frühesten Hinweise auf eine Klassifizierung von Myanmars Handwerkskünsten finden sich bei dem Historiker U Kala (ca. 1678–1738). Der Autor zählte zwölf Künste auf, die seit der Zeit Bagans (9. Jahrhundert) existierten: Gold- und Silberschmiedekunst, Edelsteinfassung, Schmiedehandwerk, Bronzegießerei, Kupferschmiedehandwerk, Drechseln, Malerei, Stuckhandwerk, Maurerhandwerk, Steinbildhauerei, Korbflechten und Gesang. Heute wird der Liste die Kategorie der Lackwarenherstellung zugefügt.

In der Zeit in der Konbaung-Dynastie (1752–1885) wurde Sandstein als Material für Bildhauerarbeiten weitestgehend durch Marmor ersetzt. Heute werden in Steinmetz-Ateliers in Mandalay Buddhafiguren in den unterschiedlichsten Größen aus Marmor geschlagen. Zuerst bearbeiten sie den Körper und dann das Gesicht.

Traditionelles Handwerk

Die burmesische Silberschmiedekunst stellt ein hochentwickeltes Handwerk dar. Silberschmiede formen Klumpen von Silber zu Schalen, in deren äußere Oberfläche sie dann durch Treiben und Glühen vorzügliche Treibarbeiten stanzen. Eine burmesische Silberschale ist die Arbeit eines Handwerkers, der die verschiedenen Stufen einer traditionellen Lehrlingsausbildung durchlaufen hat.

    Die Tradition der gebundenen Lehre, wie hier in der Silberschmiedekunst, besteht darin, dass ein Schüler seine Arbeitskraft für einen festgelegten Zeitraum umsonst zur Verfügung stellt und als Gegenleistung die Möglichkeit erhält, bei einem Meister zu lernen. Ywa-Ma, Inle, ShanStaat.

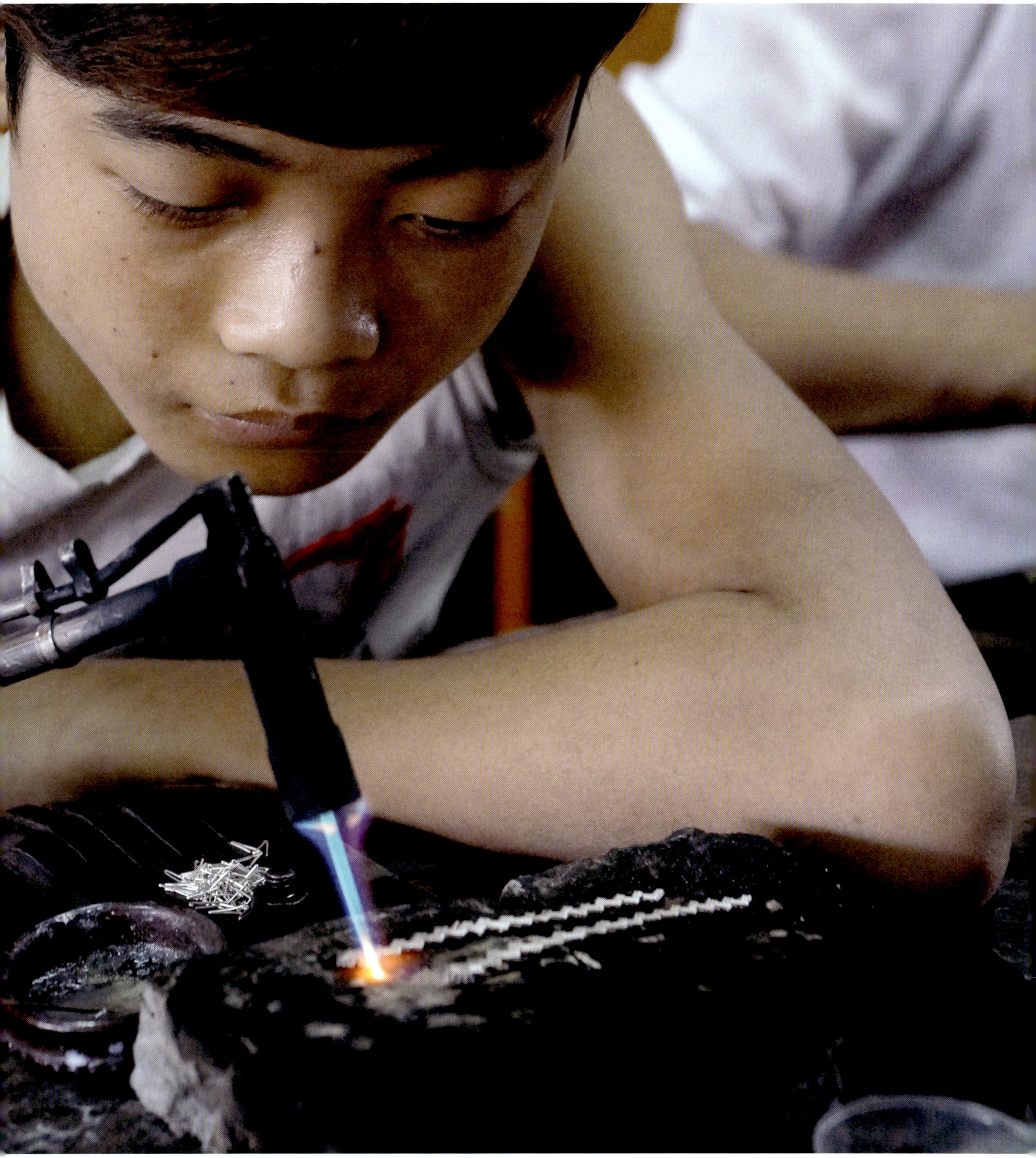

Am Schmiedeofen geht es heiß her und Ram ist stolz, diese Kunst zu beherrschen. Die Schmiede arbeiten über glühenden, mit Holz befeuerten Schmelzöfen, angeheizt durch die Sauerstoffzufuhr über große röhrenförmige Bambusblasebälge.

Im Nordwesten grenzt Myanmar an Indien, und so trifft man auf Inder und Inderinnen, die in Myanmar arbeiten und leben.

Messingteller und Messingschalen werden von Hand verziert. Maung ist frühmorgens versunken in seine handwerkliche Arbeit. Morgens in der Kühle ist es angenehm, doch im Laufe des Tages kann es heiß werden.

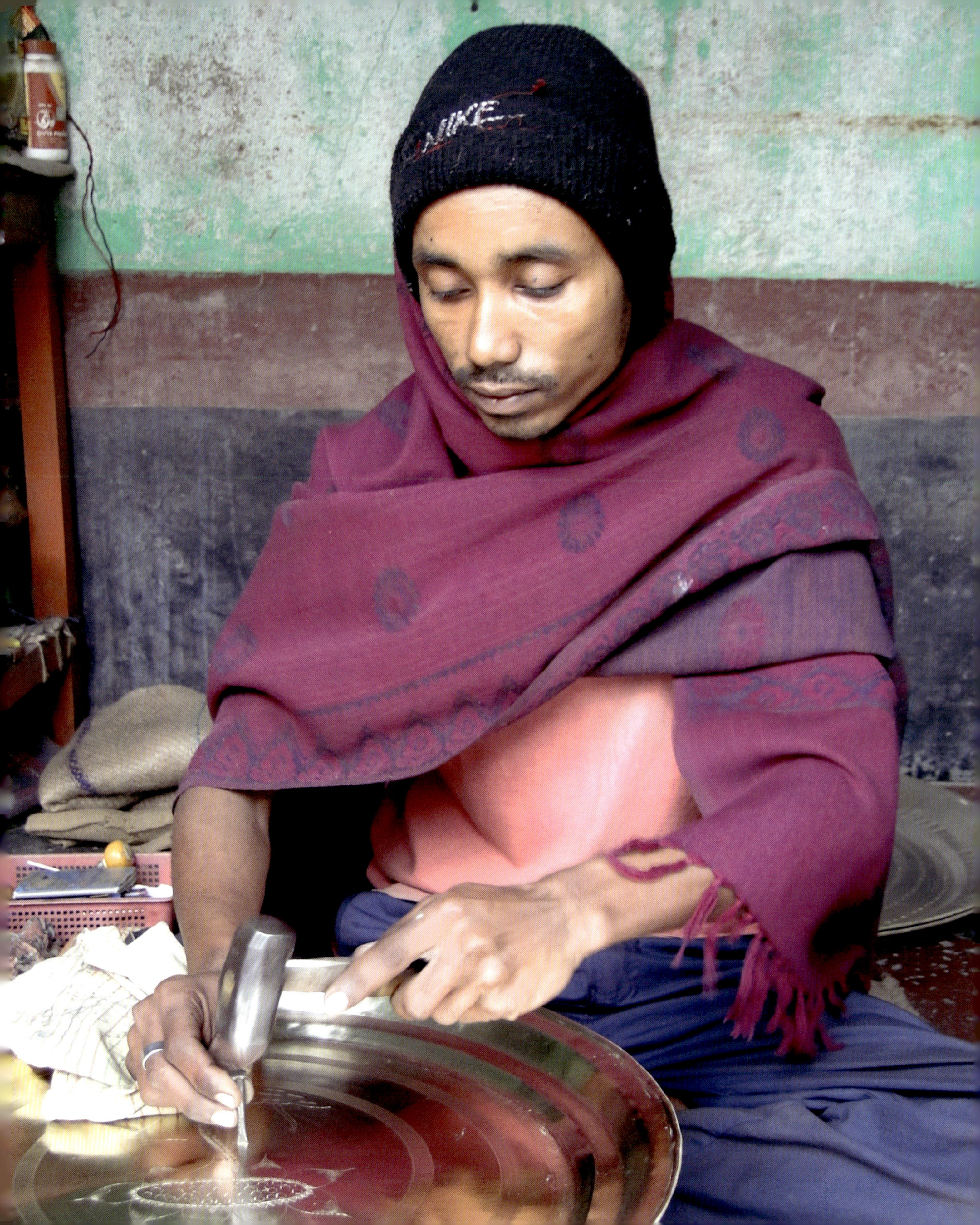
NIKE

Fahrrad-Rikschas zu nehmen, ist üblich und bequem. Rikschafahrer strampeln Fahrgäste durch die Stadt Taunggyi. Es bringt den Fahrern einen bescheidenen Lohn. Jedoch müssen viele Rikschafahrer noch eine Gebühr an den Rikschabesitzer bezahlen.
In großen Städten werden sie als Verkehrshindernis betrachtet und sind bereits verboten.

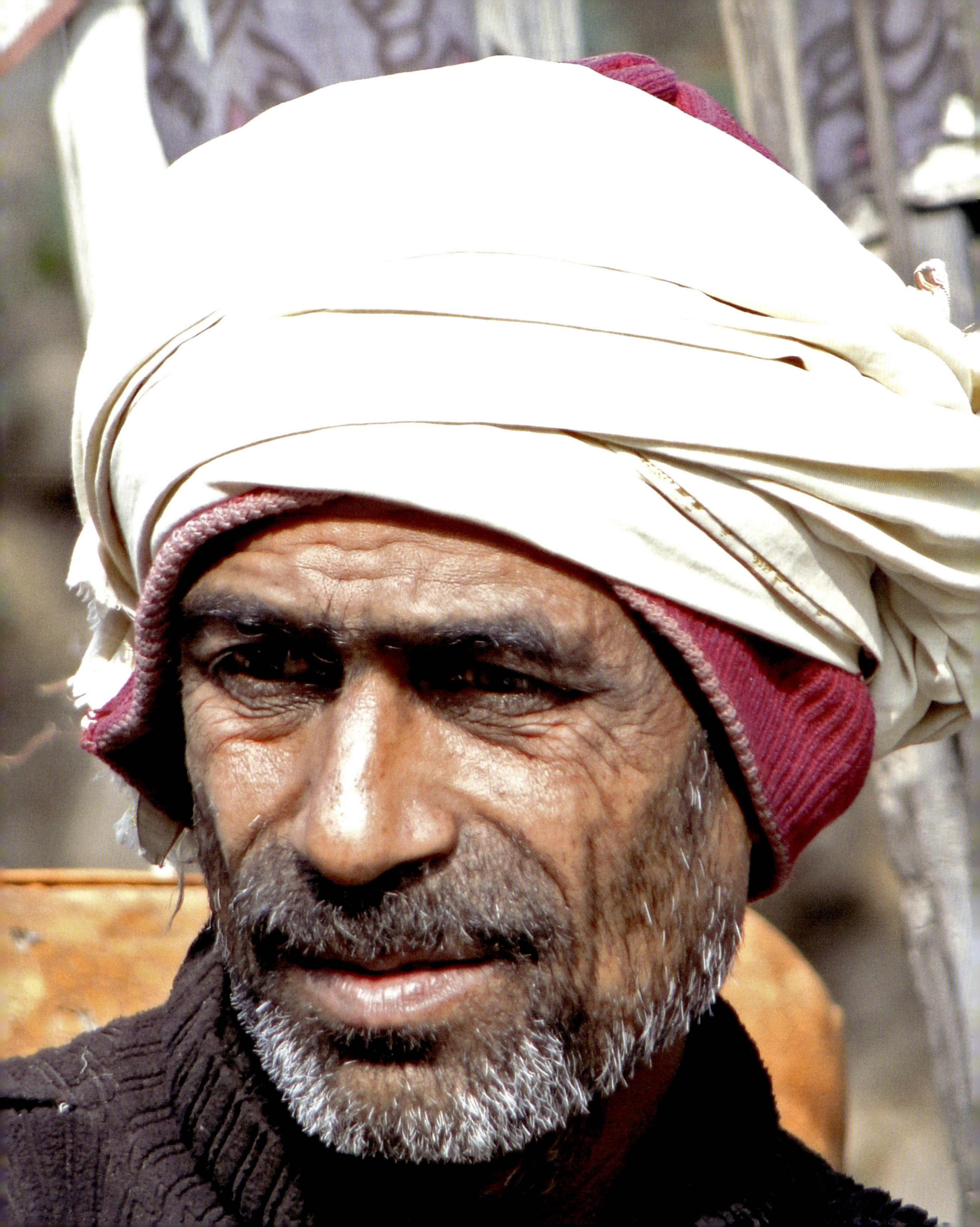

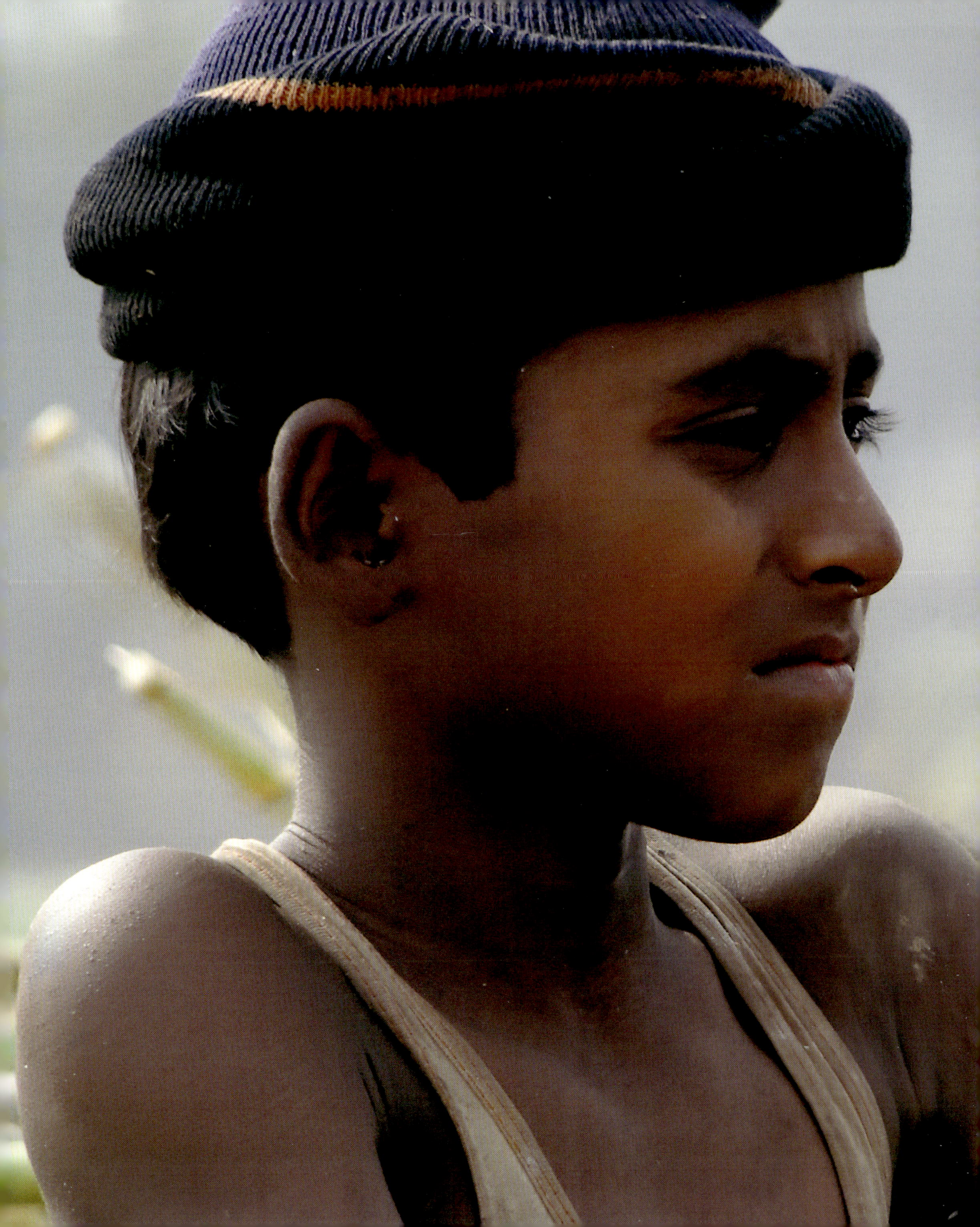

Zuckerrohr-Herstellung im Drei-Generationen-Familienbetrieb. Am Inle-See wurde zur Verarbeitung des Zuckerrohrsaftes eine Fabrik gebaut, zu der die Bauern der Intha ihre Zuckerrohrfässer karren.

Gewinnung von Palmsaft, aus dem der Palmwein gemacht wird. Palmyrapalmen prägen die Landschaft um Kyaukpadaung in der Provinz Mandalay. Männer, die den süßen Saft einsammeln, müssen die hohen Palmen besteigen, was große Geschicklichkeit erfordert. Aus den angeschnittenen Blütenständen in der Palmkrone tritt ein Blutungssaft aus, der von ständig angebrachten Tontöpfen aufgefangen wird. In einfachen Hütten verkocht man den Saft zu Melasse, aus vergorenem Saft entsteht Palmwein. Auch Palmzuckerbonbons werden daraus gemacht.

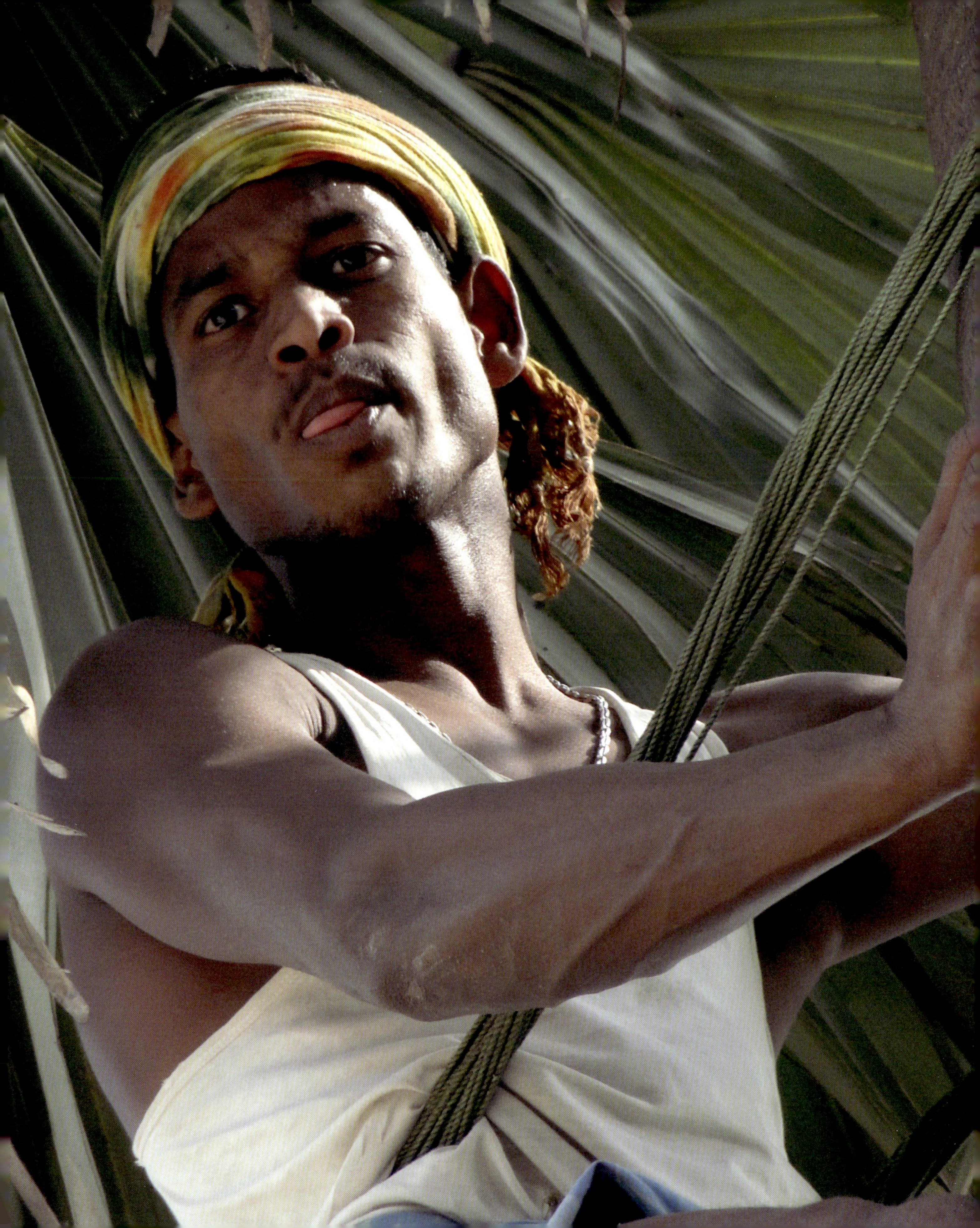

An der Westküste Myanmars am Golf von Bengalen liegt der Rakhine-Staat. Die Rakhine sind ein tibeto-burmanisches Volk, das sich hauptsächlich vom Fischfang ernährt. Am Strand von Ngapali gibt es ein urtümliches Fischerdorf, in dem jeder seiner Aufgabe nachgeht. Die Fischer bessern ihre Netze aus. Nach dem raschen Ausladen wird der Fisch zum Trocknen auf dem Strand ausgebreitet. Während der Fischfang Männersache ist, fällt das Trocknen in den Aufgabenbereich der Frauen. Ngapali bedeutet auf burmesisch »schmeichelnder Fisch«.

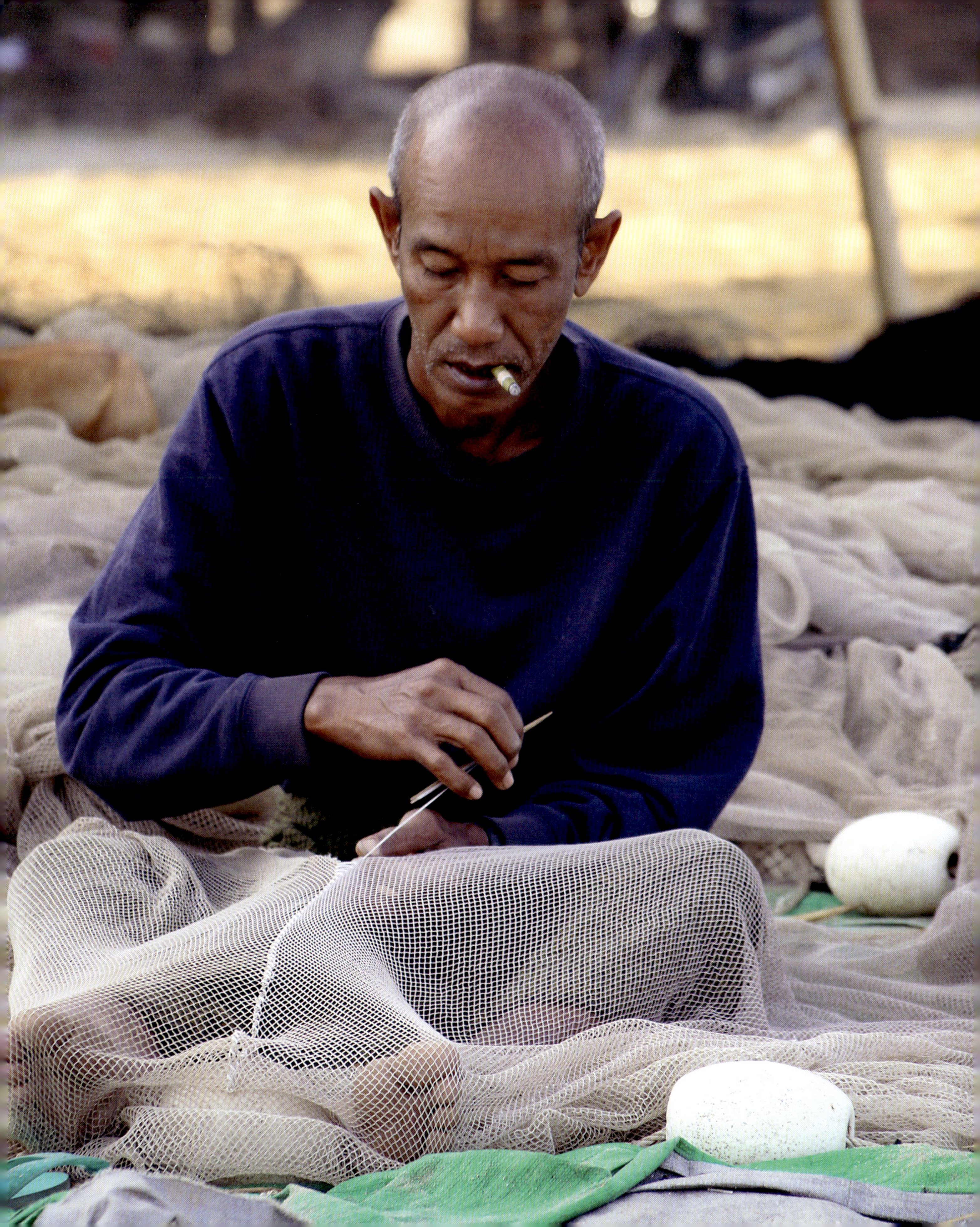

94

Die kleinen Sardinen werden von einer Rakhine zum Trocknen ausgelegt. Vor Jahren, als die gefangenen Fische noch größer war, wurden sie aufgehängt. Heute ist für die einfachen Fischer die Konkurrenz der thailändischen Fischer groß.

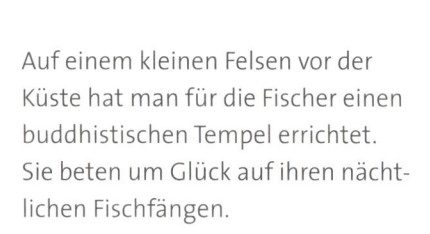

Auf einem kleinen Felsen vor der Küste hat man für die Fischer einen buddhistischen Tempel errichtet. Sie beten um Glück auf ihren nächtlichen Fischfängen.

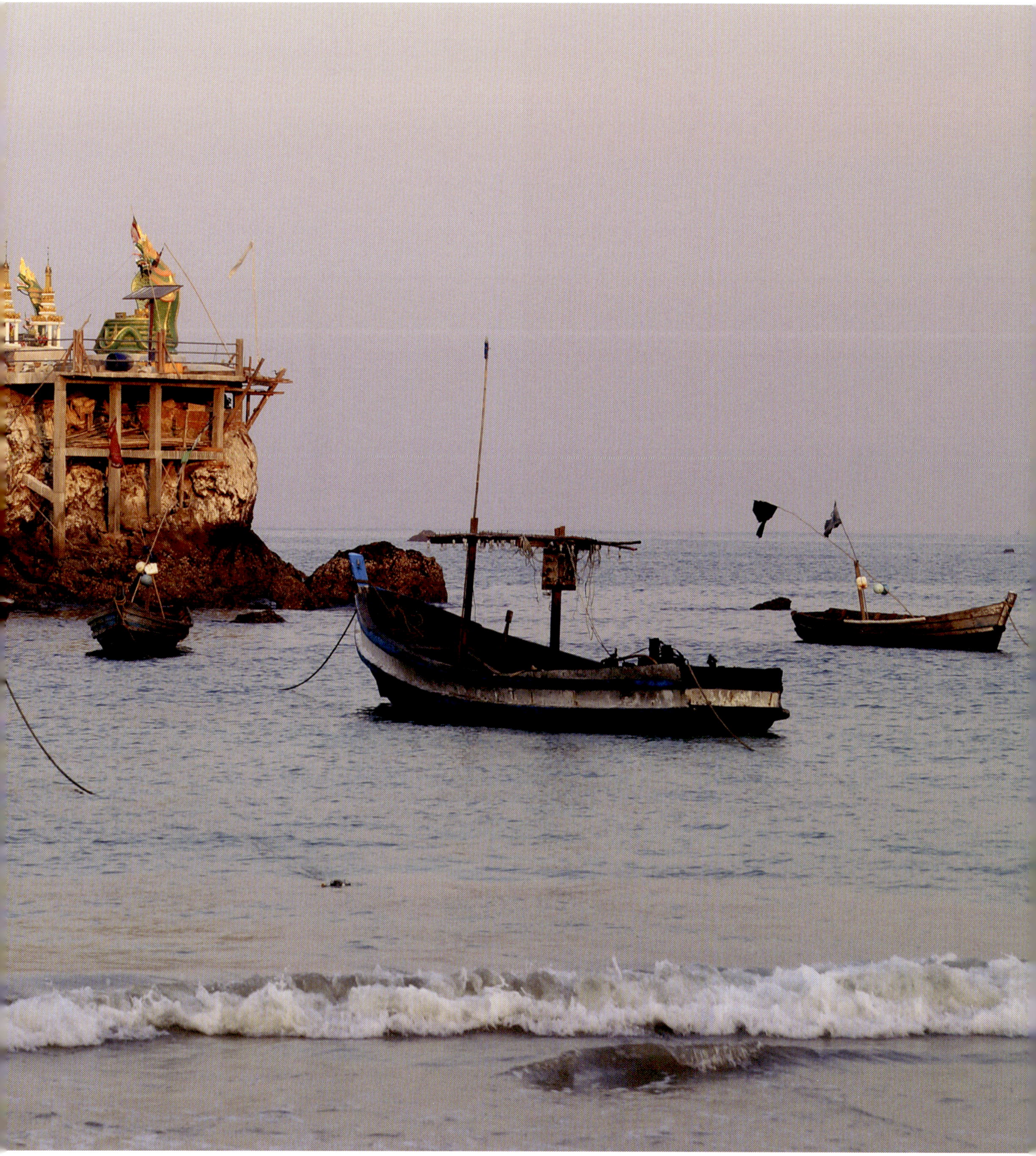

Die sanftmütigen und relativ mittellosen Menschen in Myanmar, besonders auf dem Land, zeichnen sich durch einen unverblümten Humor aus und sind jederzeit bereit zum ausgelassenen Feiern. Nichts entzückt sie mehr als ein besonderer Anlass, ein pwe. Ein pwe kann alles sein: ein Fest, ein religiöses Ritual, eine Hochzeit, Novizenweihen der Söhne, die Zeremonie des Ohrlochstechens der Töchter, Pagodenfeste, Vollmondfeste.

Die wichtigste Zeremonie im Leben eines jungen Buddhisten stellt die aufwendig gefeierte Novizenweihe dar, mit der man fast alle Knaben schon vor der Pubertät einmal zu Mönchen weiht. Jeder Burmese, der dem Theravada-Buddhismus folgt, sollte sich dieser Zeremonie – Shin Pyu – unterziehen. Erst danach kann er jederzeit für eine von ihm gewünschte Dauer einem Kloster beitreten. Hochzeiten werden je nach Stammeszugehörigkeit unterschiedlich gefeiert. Das Brauchtum orientiert sich an der Tradition, und zwar umso mehr, je abgekapselter ein Stamm von anderen Stämmen lebt. Pagodenfeste, die einmal im Jahr stattfinden, erstrecken sich meist über mehrere Tage und sind für die Menschen auf dem Land »das gesellschaftliche Ereignis«.

Pwe – Feste feiern

Bei der Zeremonie Shyn Pyu werden die Söhne zunächst mit Schminke und glitzernden Kleidern wie kleine Prinzen (bezogen auf den Prinzen Siddharta) herausgeputzt und unter einem Schirm hoch zu Pferd oder auf einem Ochsenkarren durch das Dorf geführt bis zum Kloster, in dem sie einige Tage als Mönch dem Vorbild Buddhas folgen, um der Welt zu entsagen. Das Ritual symbolisiert den Abschied des Prinzen Siddharta Gautama von seinem luxuriösen Leben im königlichen Palast, als er sich auf die Suche nach der Wahrheit des Lebens begab.

Für die Mädchen führt man oft parallel zur Novizenweihe die Zeremonie des Ohrlochstechens durch (Nahtwin). Die jungen Burmesinnen sind dabei wie Prinzessinnen gekleidet; anschließend erhalten sie ihre ersten Ohrringe, die mit wunderschönen Edelsteinen verziert sind.

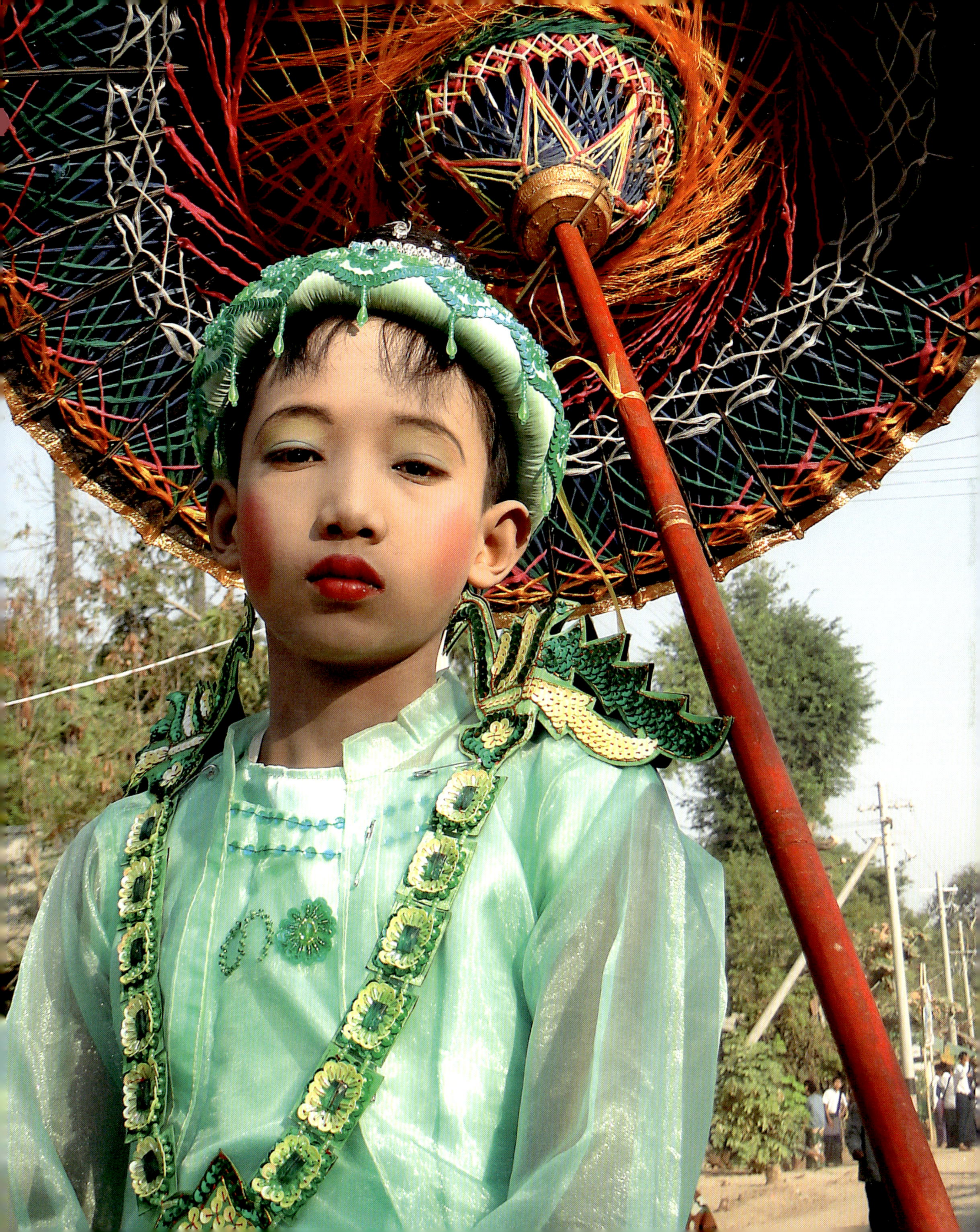

Einmal im Jahr, im Februar/März, findet das Vollmondfest des Tabaung in Kakku im Shan-Staat statt. Kakku ist ein Pagodenfeld aus dem 12. Jahrhundert mit über 2 500 Tempeln und Stupas, die mit mythischen und glücksbringenden Symbolen geschmückt sind. In den kleinen Pagoden, deren Spitzen von Ehrenschirmen (Hti) aus Metall bekrönt sind, befinden sich oftmals Buddha-Figuren. Die Tempelanlage, die zu Ehren Buddhas errichtet wurde, ist das zentrale Heiligtum des hier lebenden Volkes der Pa-O, die sich von der Landwirtschaft ernähren und sich einmal im Jahr zu diesem Fest versammeln, um Opfergaben darzubringen, zu beten und um sich zu begegnen und gemeinsam zu feiern. Vor dem Pagodenfeld kommen die Pa-O am Tage vor dem Vollmond mit Ochsenkarren, Mopets und kleinen

Pick-ups zusammen und schlagen unter alten Banyanbäumen ihre Lager auf.

    Vor dem Morgengrauen bringen sie ihre Opfergaben dar, entzünden Kerzen und Räucherwerk und beten an allen Plätzen des ganzen Pagodenfeldes zu Buddha-Statuen und Heiligtümern. Sie zeigen ihre Ehrerbietung, indem sie den Mönchen gekochtes Essen und Geldgeschenke darbieten.

Die Pa-O sind an ihren farbigen Handtuchturbanen und an ihren schwarzen Jacken und Hosen zu erkennen. Der Sage nach stammen die Pa-O aus der Verbindung eines Drachen mit einem Schamanen. Aus den Dracheneiern ging der Volksstamm hervor und deshalb tragen sie schwarze Kleidung, die an den Drachenleib erinnert. Das voluminöse farbige Handtuch auf dem Kopf sei der Drachenkopf. Als Haarschmuck tragen sie das orange Feuerhorn des Drachen und sein Auge.

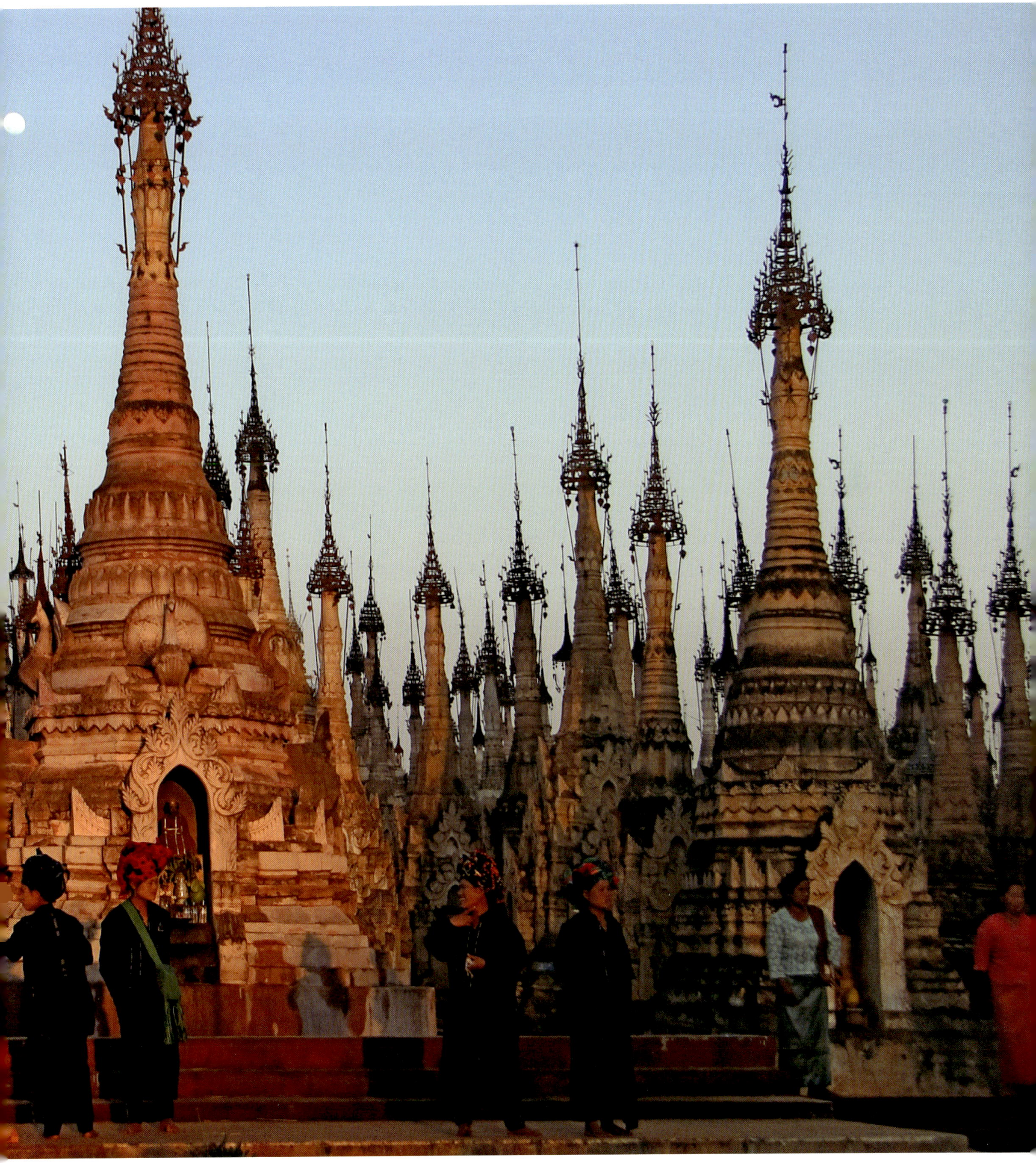

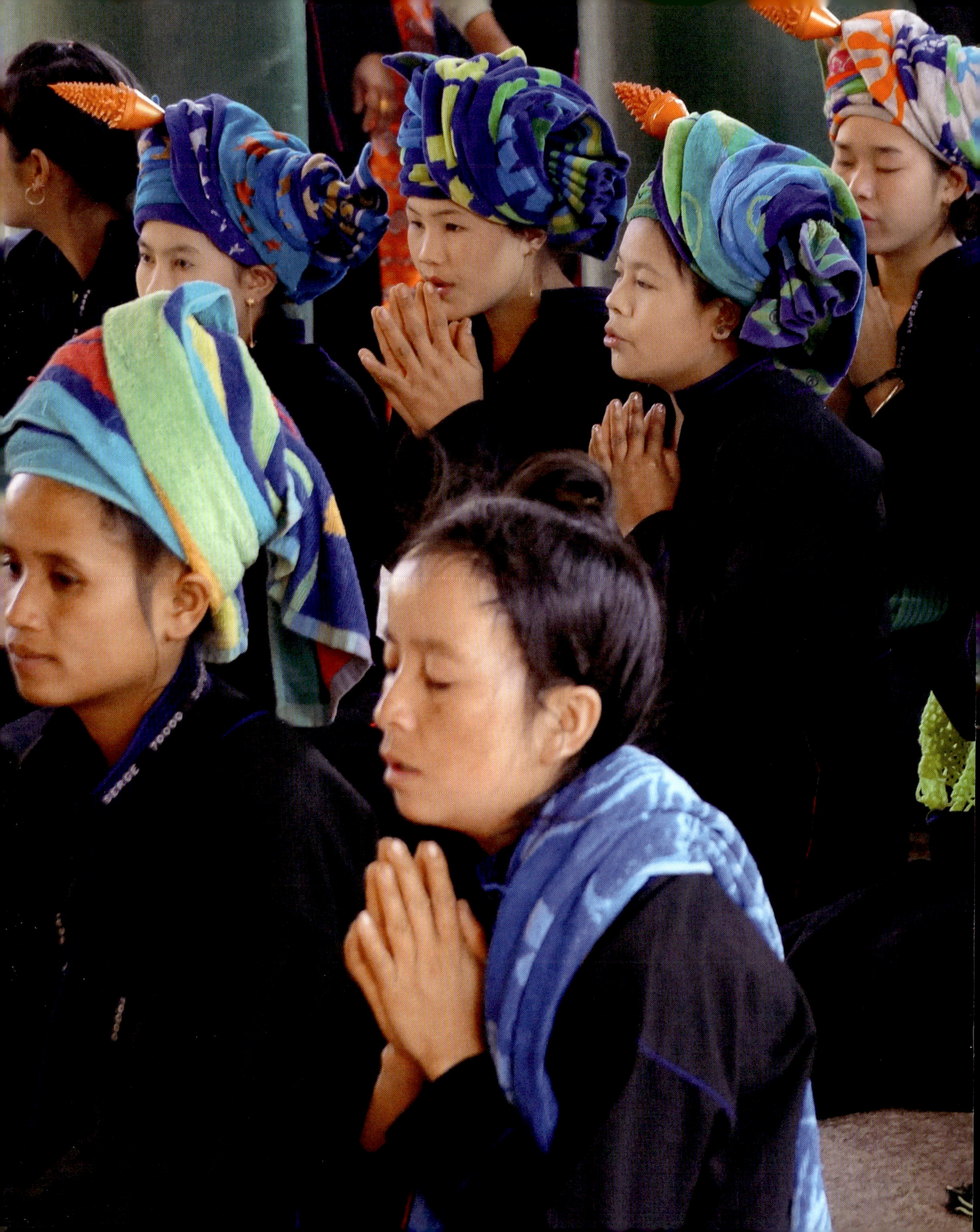

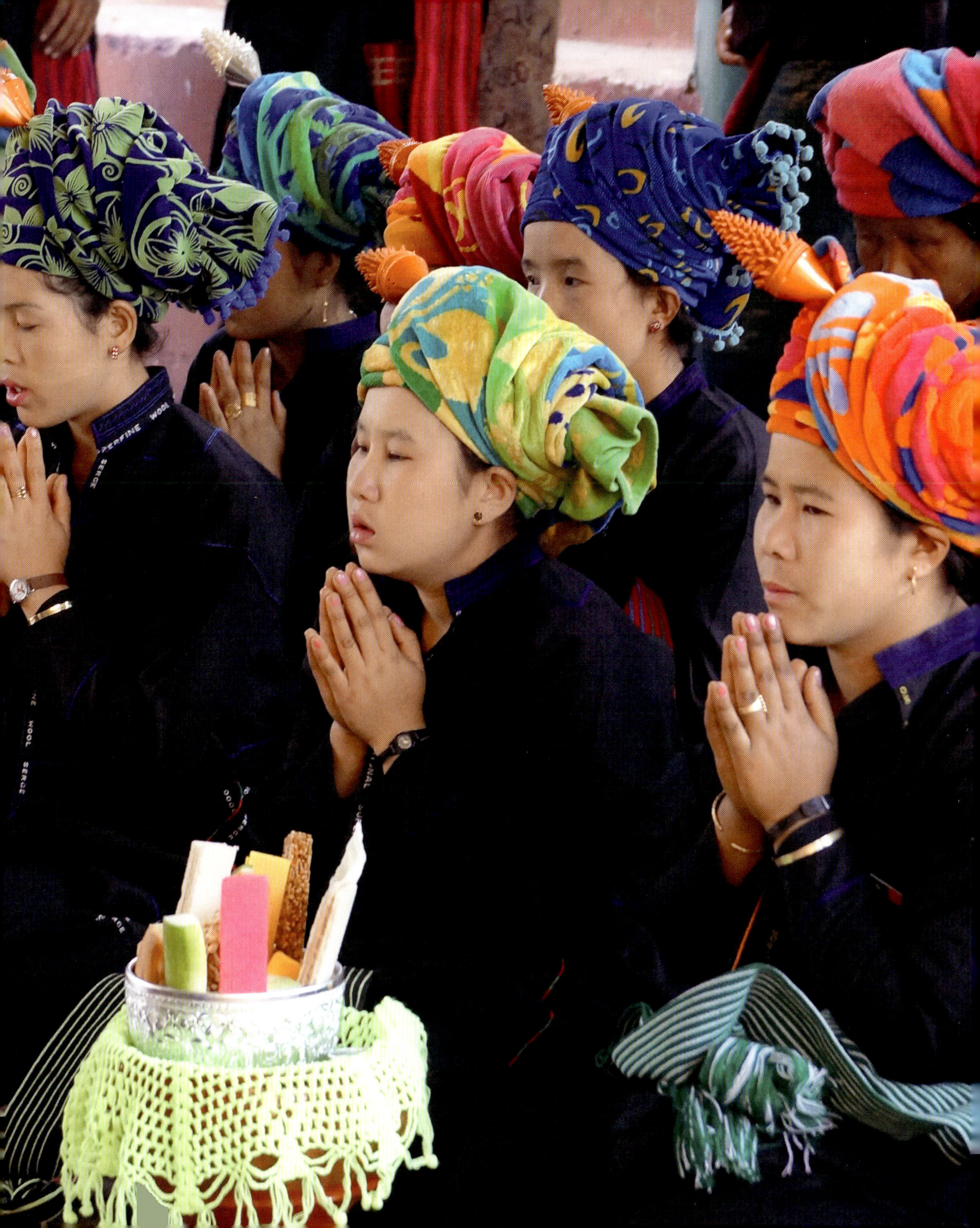
WOOL
SERGE

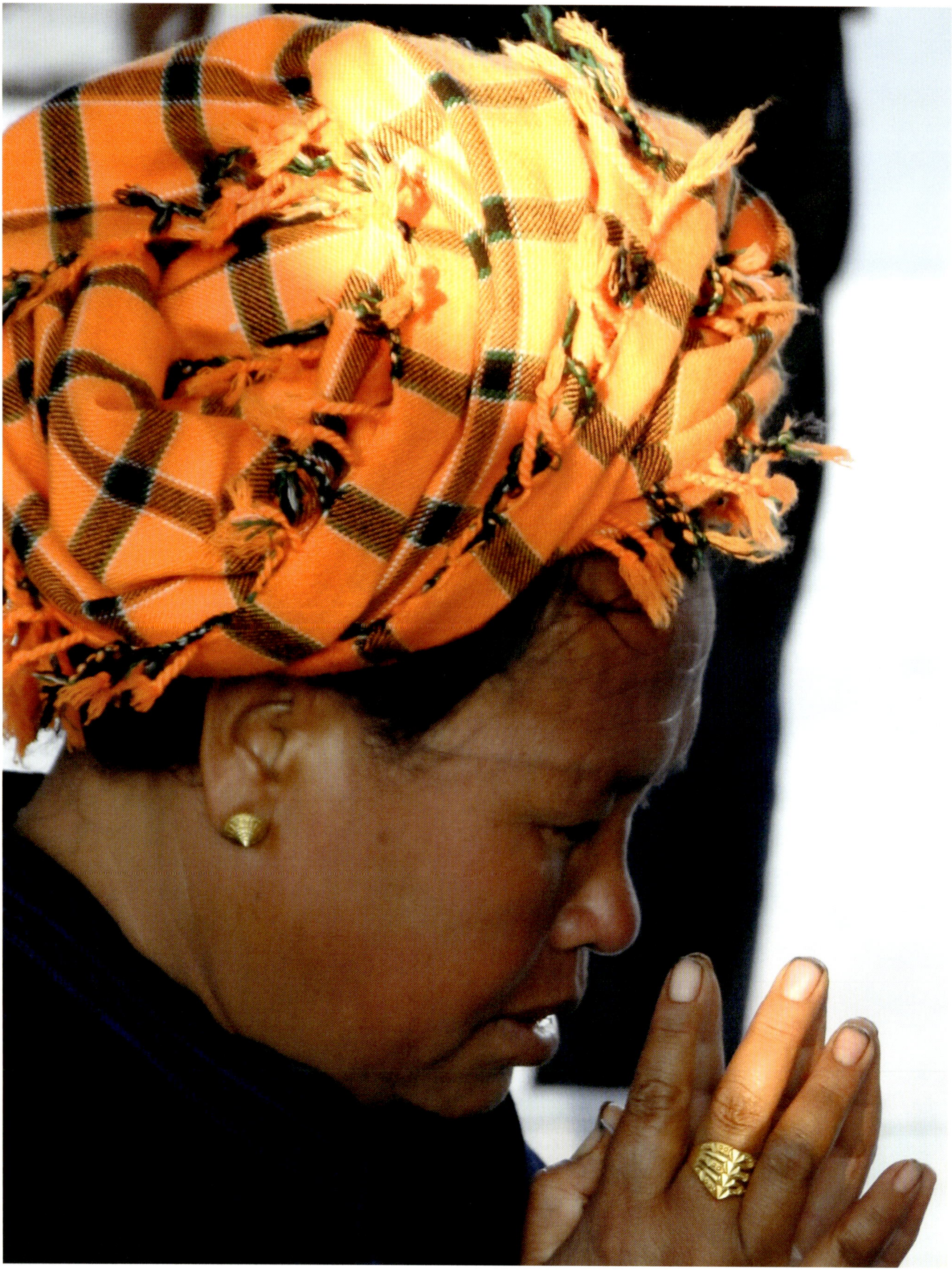

Auch aus anderen umliegenden Stämmen kommen die Menschen, gekleidet in ihren speziellen Trachten – wie hier eine Lishu-Frau –, um Tabaung zu feiern. Die Trachten sind farbenprächtig und aufwendig mit Silberkugeln und Silbermünzen bestickt.

Das dreimalige Schlagen der Wunschglocke soll die Erfüllung der Wünsche einläuten.

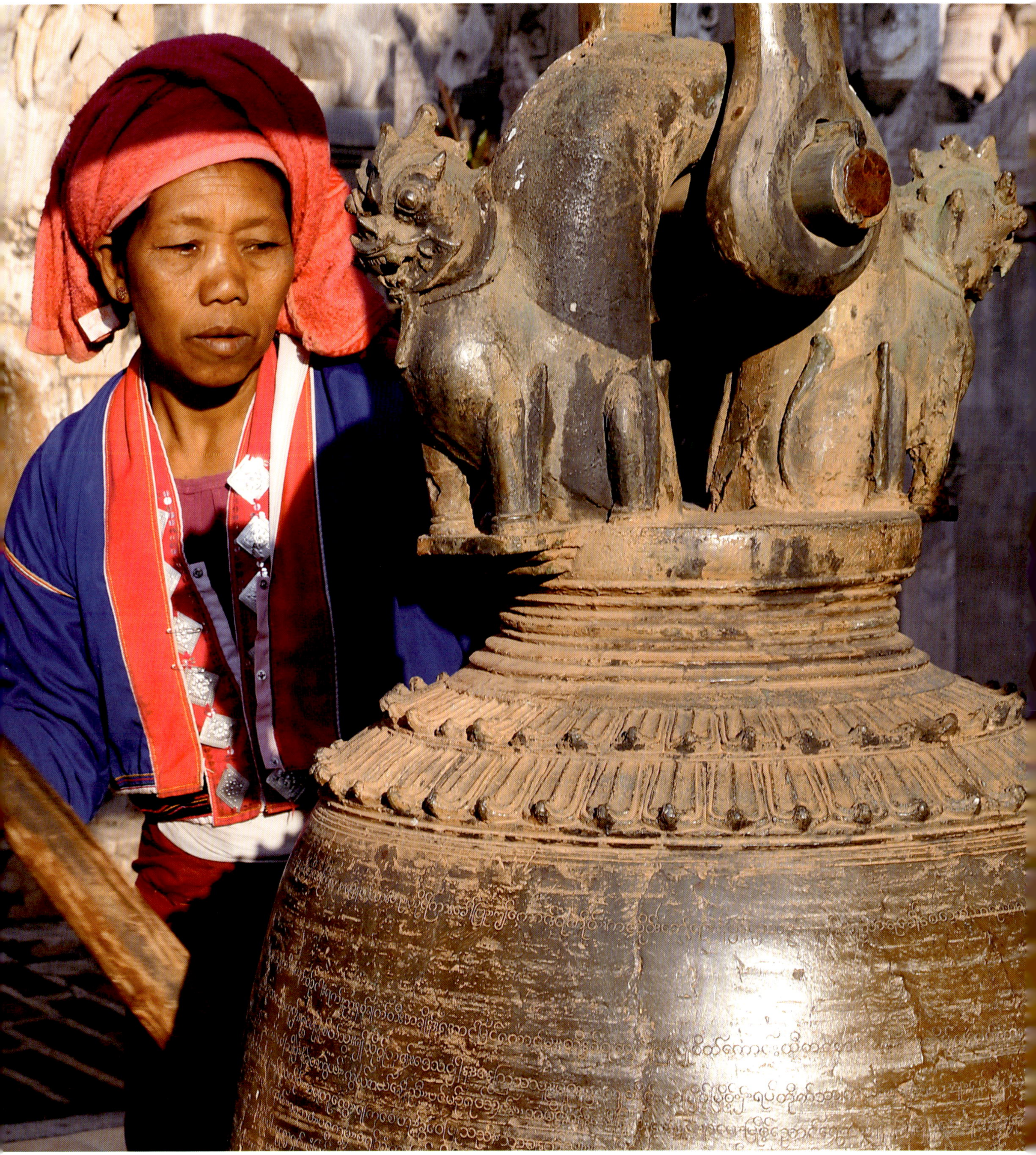

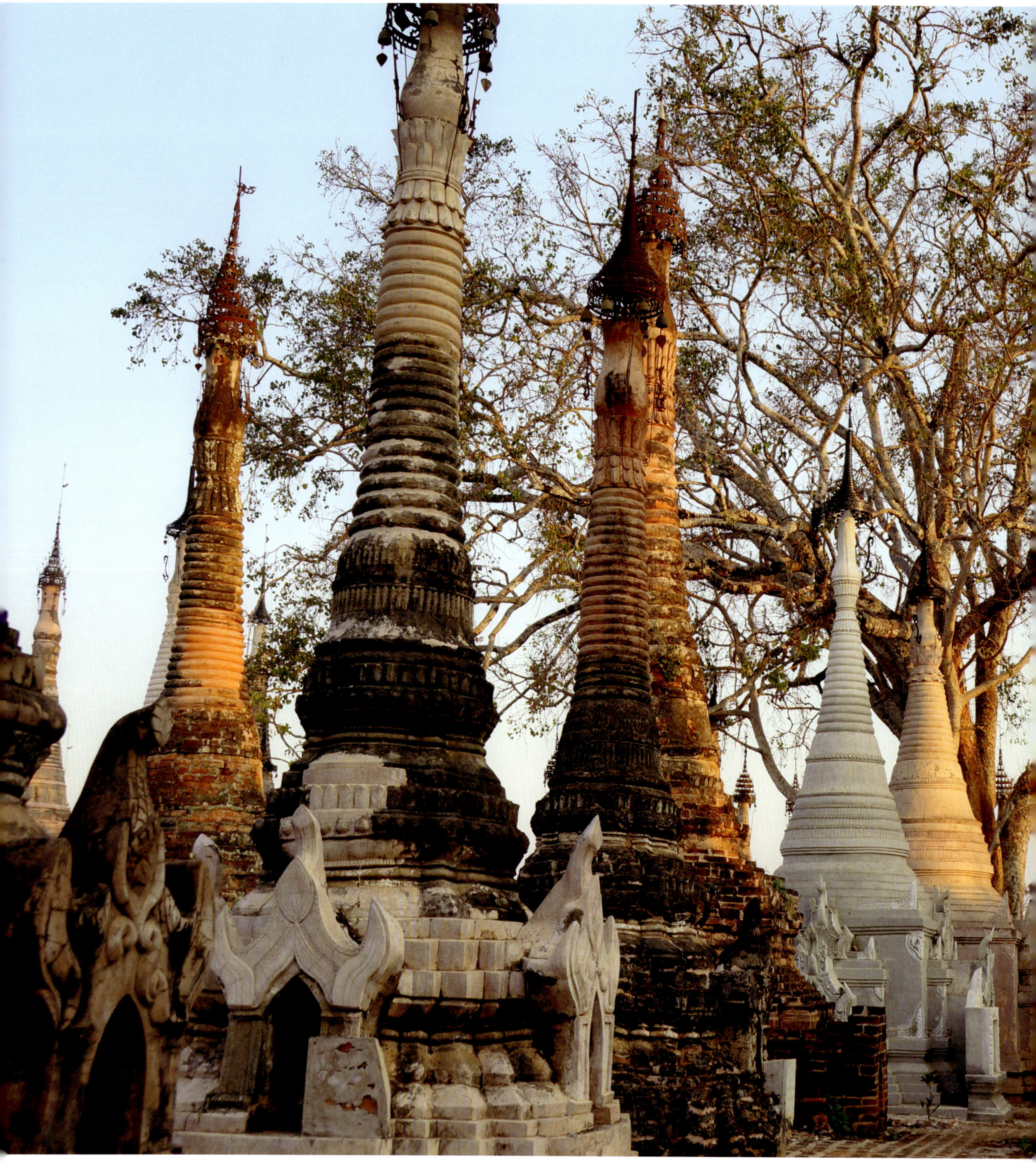

Von großzügigen Geldgebern aus Singapur wurde der Tempelkomplex in Kakku nach und nach restauriert.

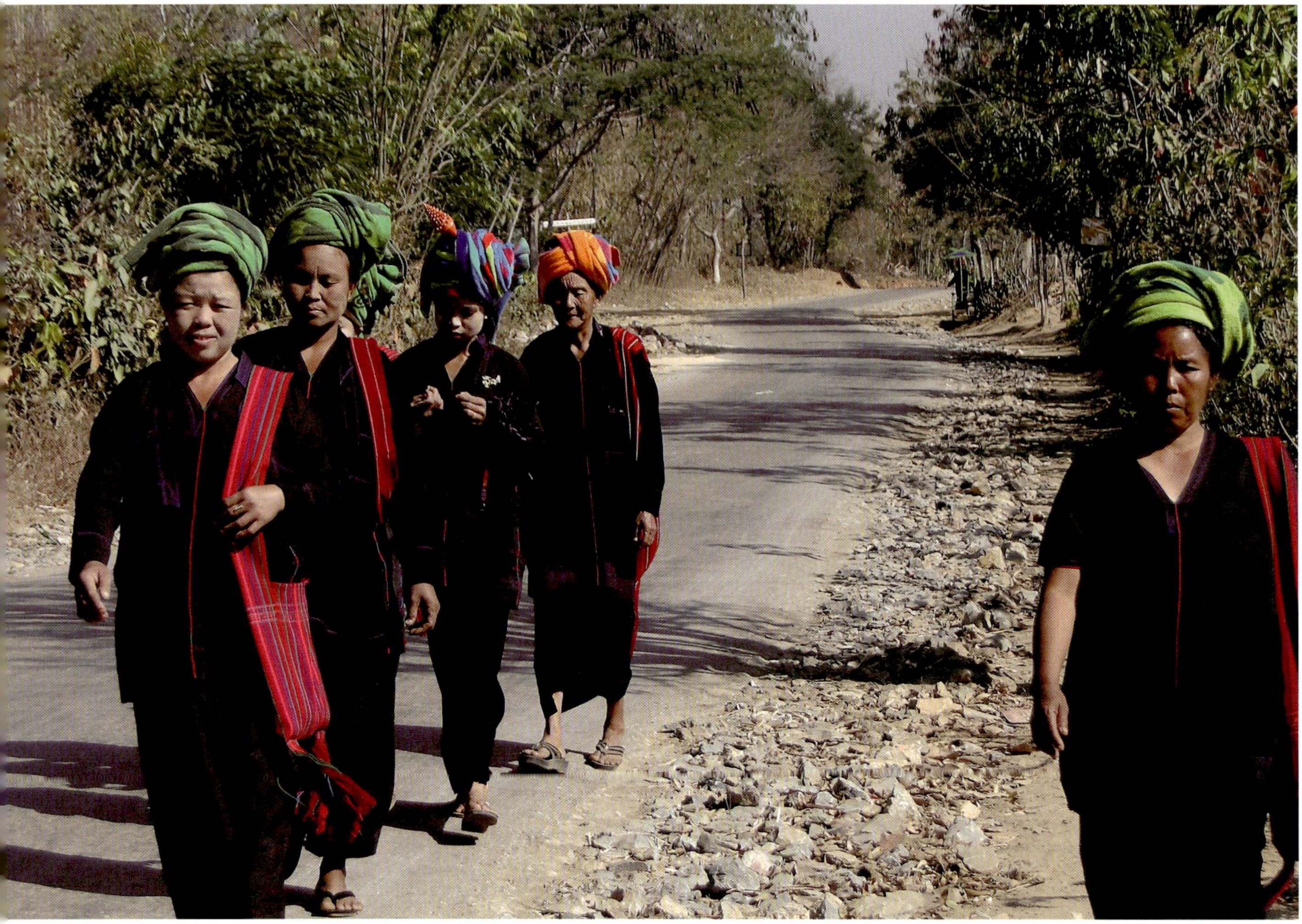

Unterwegs im Shan-Staat wurde ich eingeladen, an einer Hochzeitsfeier der Pa-O teilzunehmen. Die Hochzeit des jungen Paares wurde von den Eltern arrangiert, aber nicht erzwungen. Das ganze Dorf, Freunde und Verwandte aus der Umgebung sind eingeladen und nehmen teil.

Bei buddhistischen Heiraten sind keine Dokumente zu unterzeichnen, und auch die Teilnahme eines Mönches an der Zeremonie ist nicht erforderlich. Das Gewohnheitsrecht besagt, dass die Partner rechtmäßig verheiratet sind, sobald sie einen gemeinsamen Haushalt führen und die Nachbarn sie als Mann und Frau betrachten. Zur Hochzeit werden Geldgeschenke und gute Wünsche gereicht.

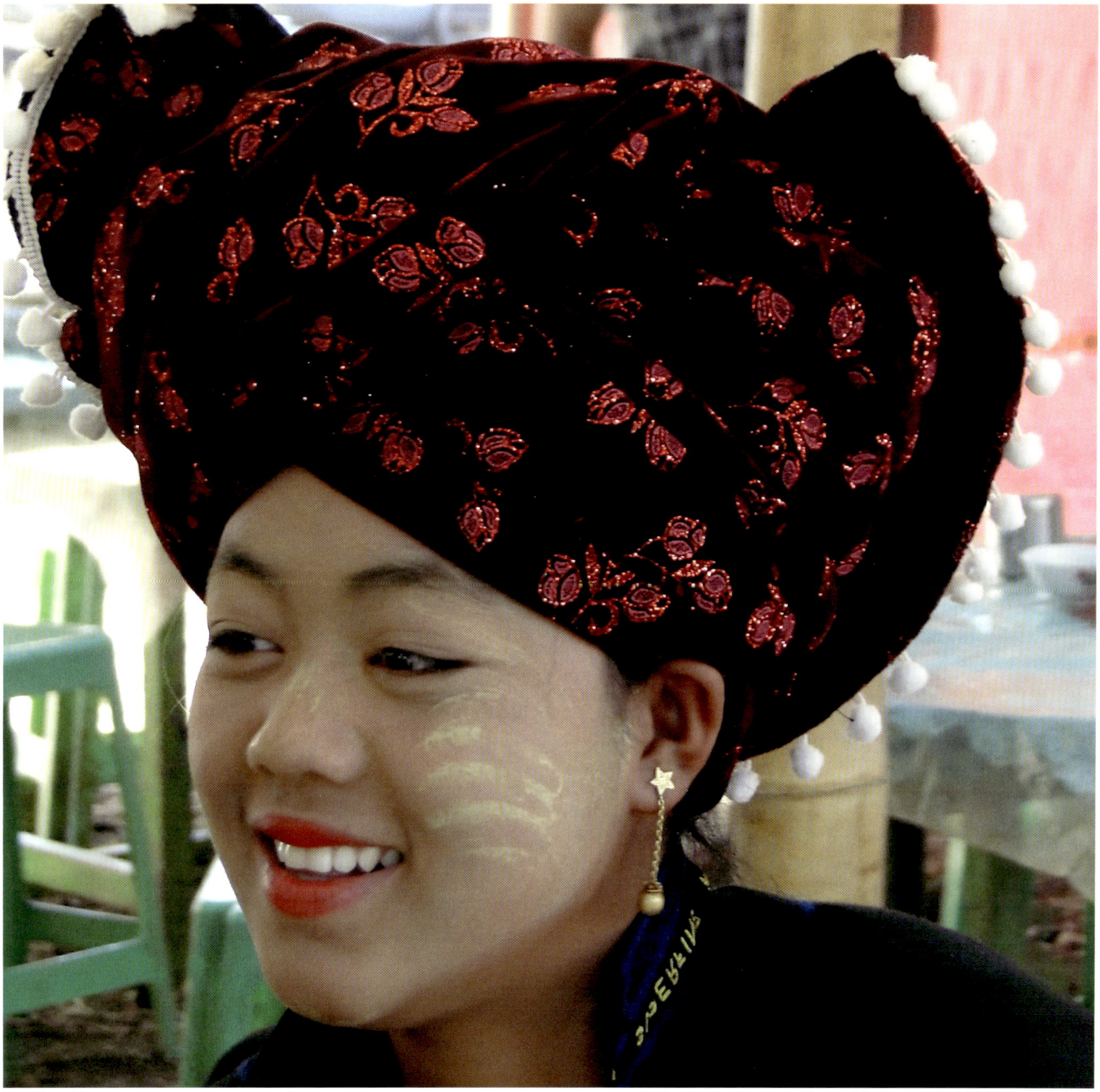

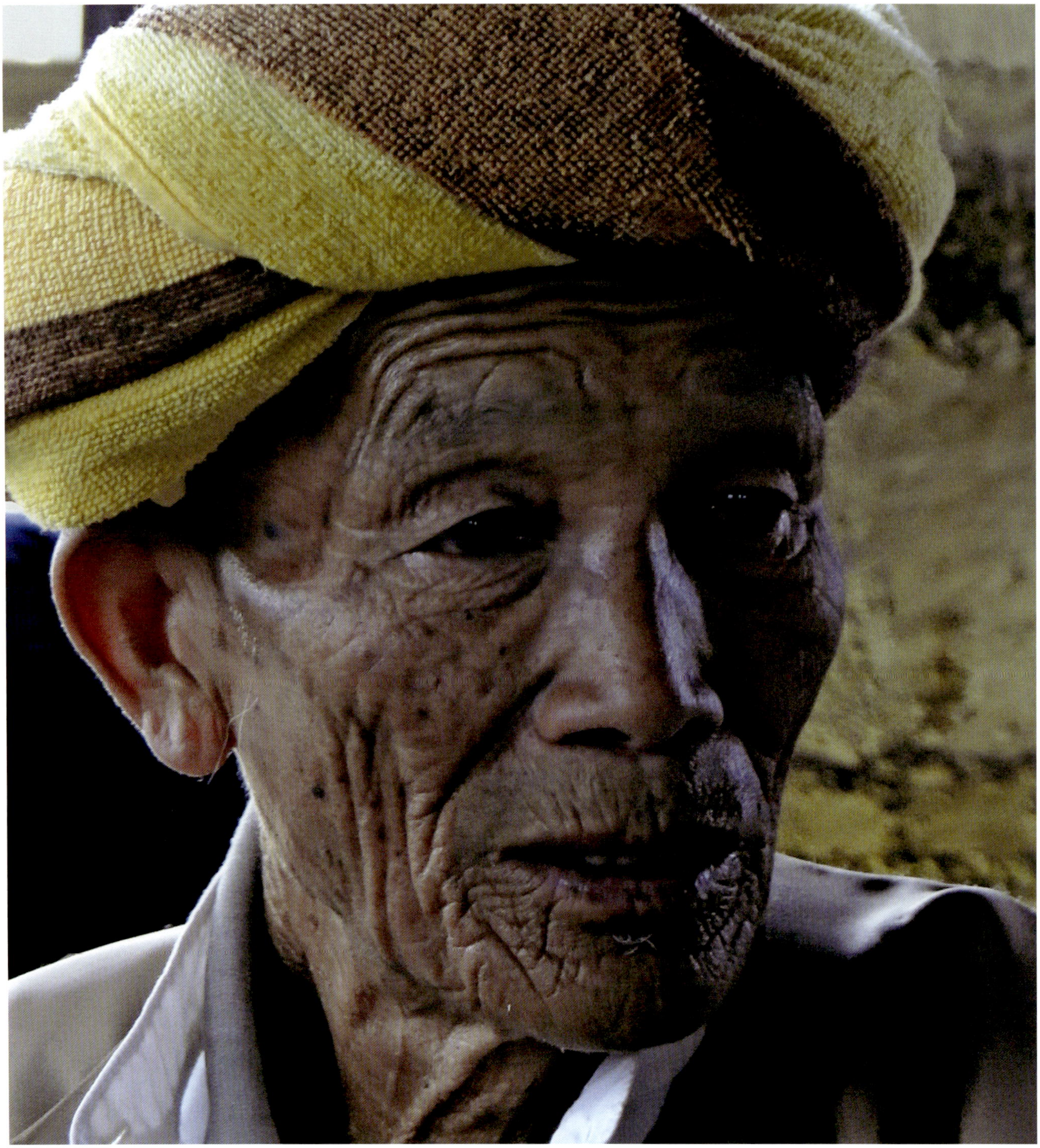

Hochzeitsgäste, in deren Gesichter
sich Lebenslinien eingeprägt haben.

Im Kayah-Staat, bei Loikaw, leben die Padaung. Sie sind bekannt wegen ihrer »Giraffenhalsfrauen«, die um den Hals mehrere Bronzeringe tragen. Die Ringe, die bis zu fünf Kilogramm wiegen, dehnen den Hals und verformen durch ständigen Druck allmählich das Schlüsselbein. Mit fünf Jahren legt man den Mädchen den ersten Messingring um den Hals, alle zwei Jahre kommt ein weiterer Ring dazu. Im Alter ragt der Kopf dann bis zu 30 Zentimeter aus den Schultern heraus. Der Grund dieses Brauches scheint auf die Ursprungsmythologie der Padaung zurückzugehen. Laut dieser Mythologie entspricht der Mann dem Wind und die Frau einem wunderschönen Drachen. Die erste Drachenfrau wurde vom Wind befruchtet und schenkte dem Volk den wichtigen Reis. Seit dieser Zeit tragen die Padaung-Frauen in Erinnerung an die erste Drachenfrau diese Ringe. Den gleichen Schmuck tragen die Frauen auch an den Beinen. Heute wird es als traditioneller Schmuck betrachtet.

Auch andere Ethnien wie die Kayah und die Akha legen besonderen Wert auf den Kopfschmuck ihrer Frauen.

Schmuck der Frauen als Stammessymbol

Vierundzwanzig Mal wurde der Messingring um den Hals dieser Padaung-Frau gewunden. Der langgezogene Hals mit den Messingringen als Schmuck entspricht dem Schönheitsideal dieses Stammes. Den gleichen Schmuck tragen die Frauen auch an den Beinen. Der Legende nach sollten die Mädchen und Frauen dadurch vor der Entführung durch Angehörige anderer Stämme sicherer sein.

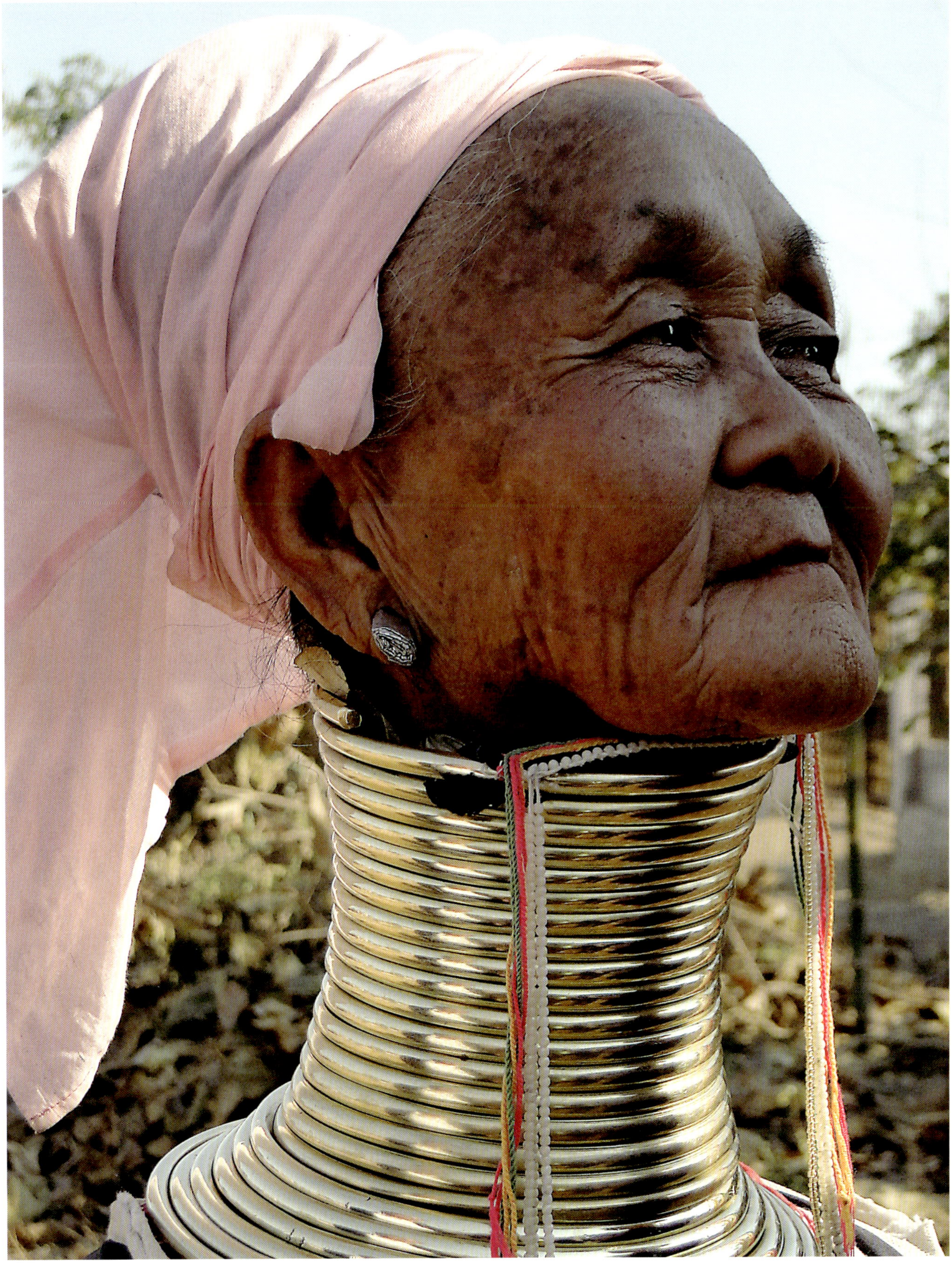

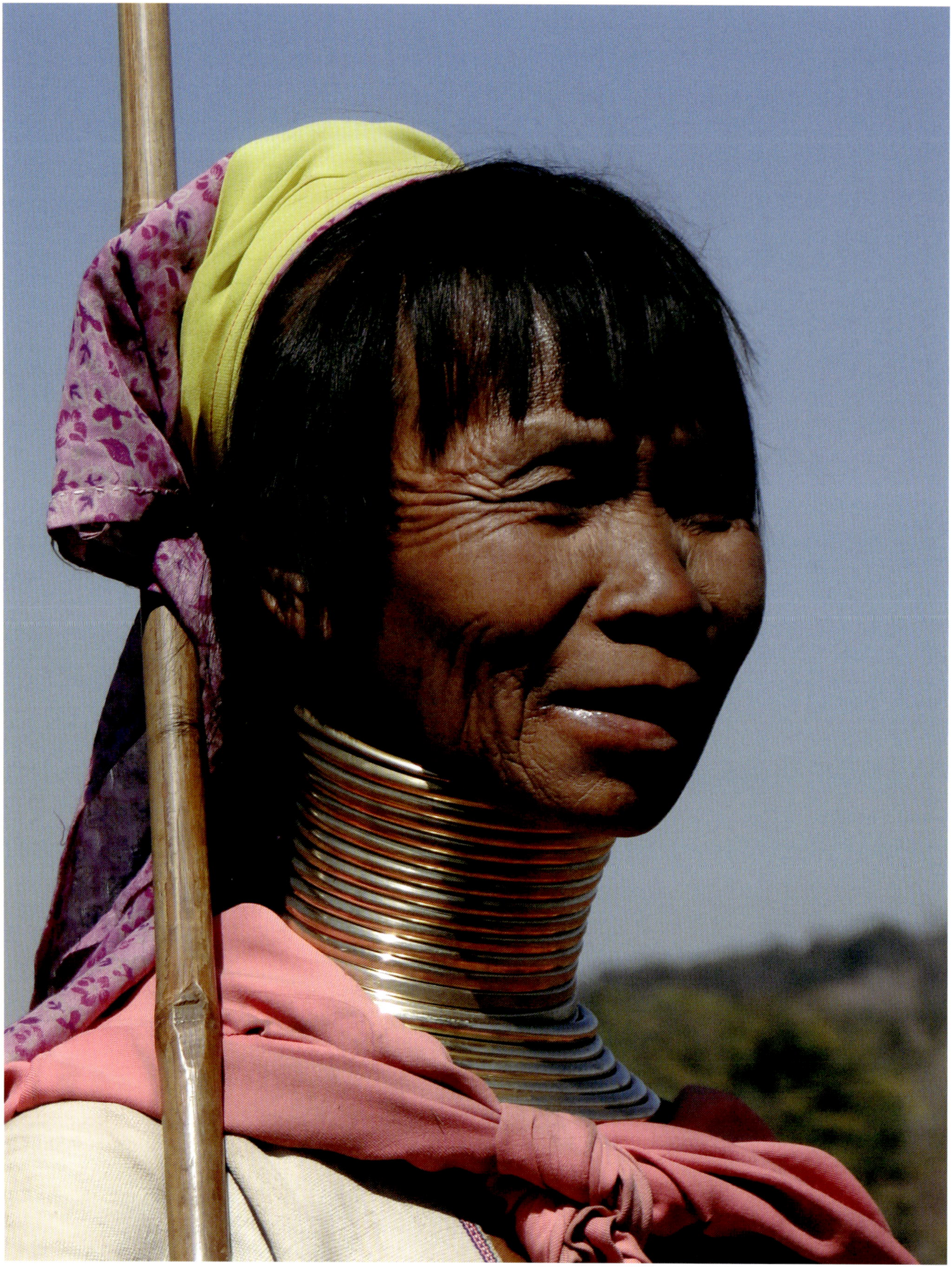

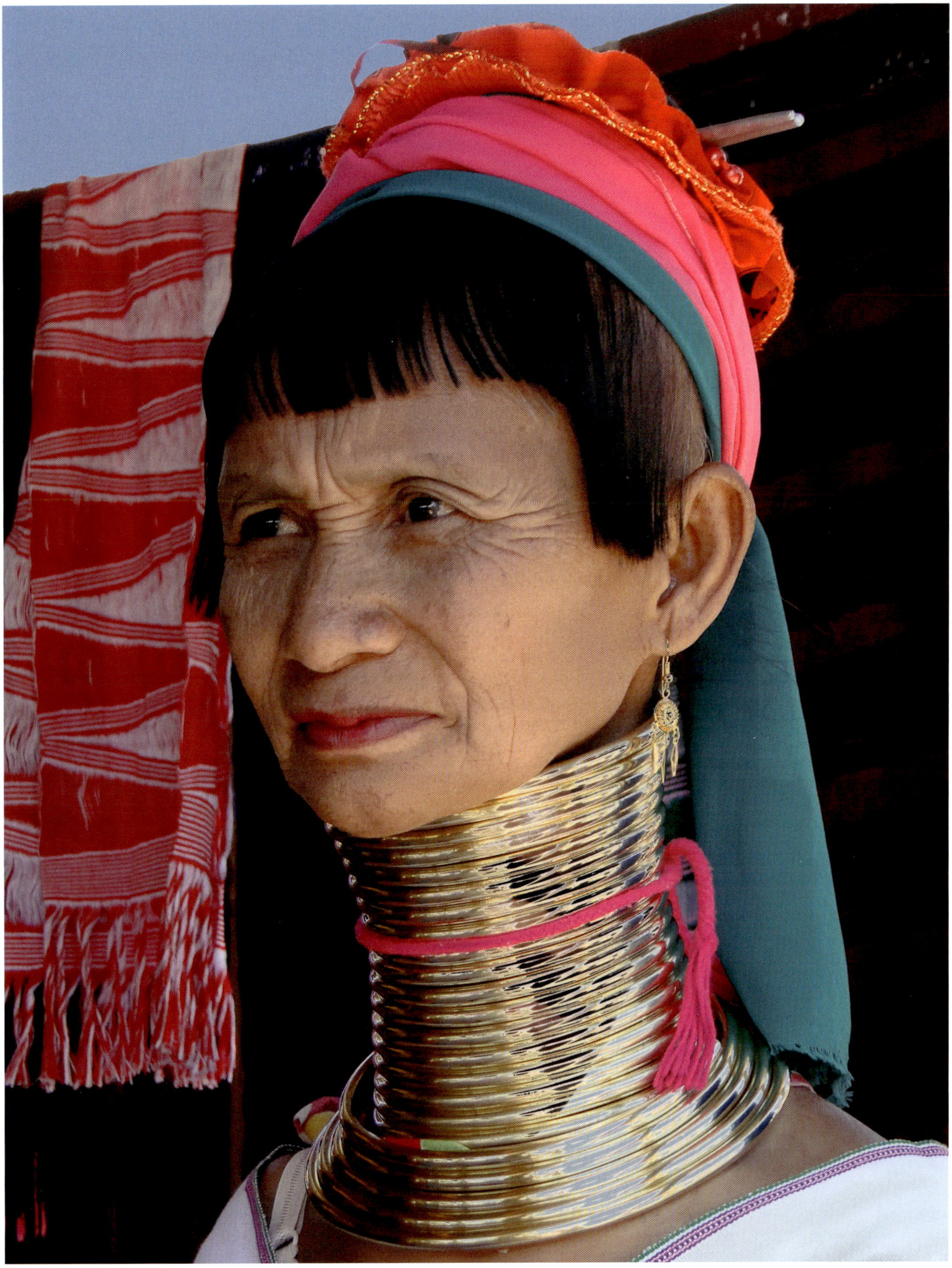

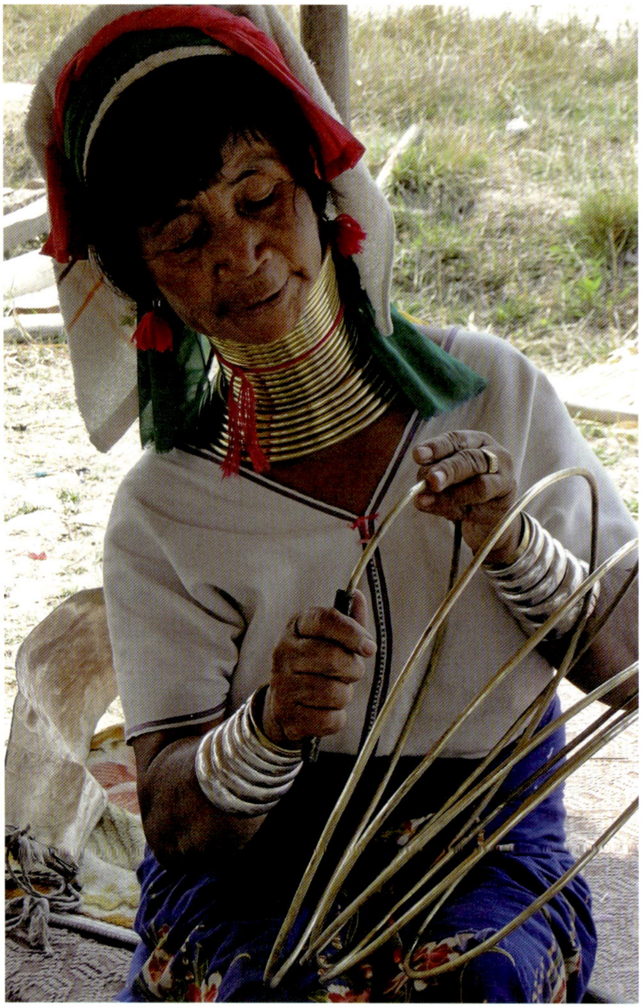

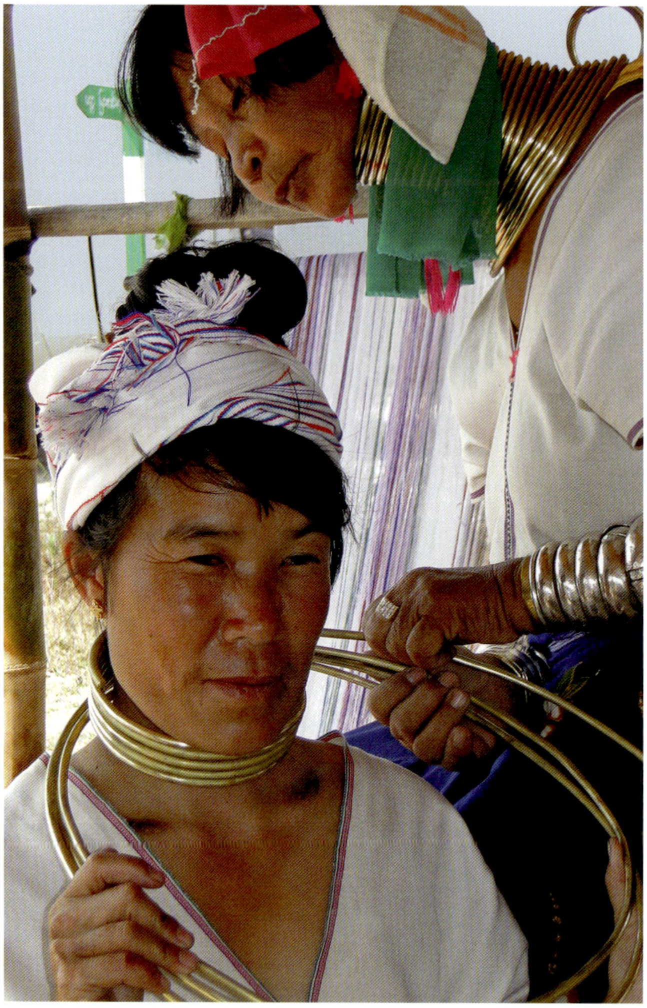

Durch einen Zufall konnte ich sehen, wie neue, zusätzliche Messingringe um den Hals einer Padaung-Frau gelegt wurden. Zuerst wurde der Messingring in einer Glut erhitzt, um biegbar zu werden. Dann wurde er in großen Bögen geformt und um ihren Hals drapiert. Die Ringe wurden immer enger um den Hals gebogen, bis sie die entsprechende Anzahl erreicht hatten. Diese Zeremonie wird zu gegebenen Anlässen wiederholt. Das Alter spielt hierbei eine Rolle und andere bedeutsame Ereignisse im Leben dieser Padaung-Frauen, wie etwa eine Geburt. Mit Stolz und Würde tragen sie diese »Bürde«.

Mädchen ab fünf Jahren bekommen bereits einen Messingring um den Hals gelegt und werden fein herausgeputzt für Touristen.

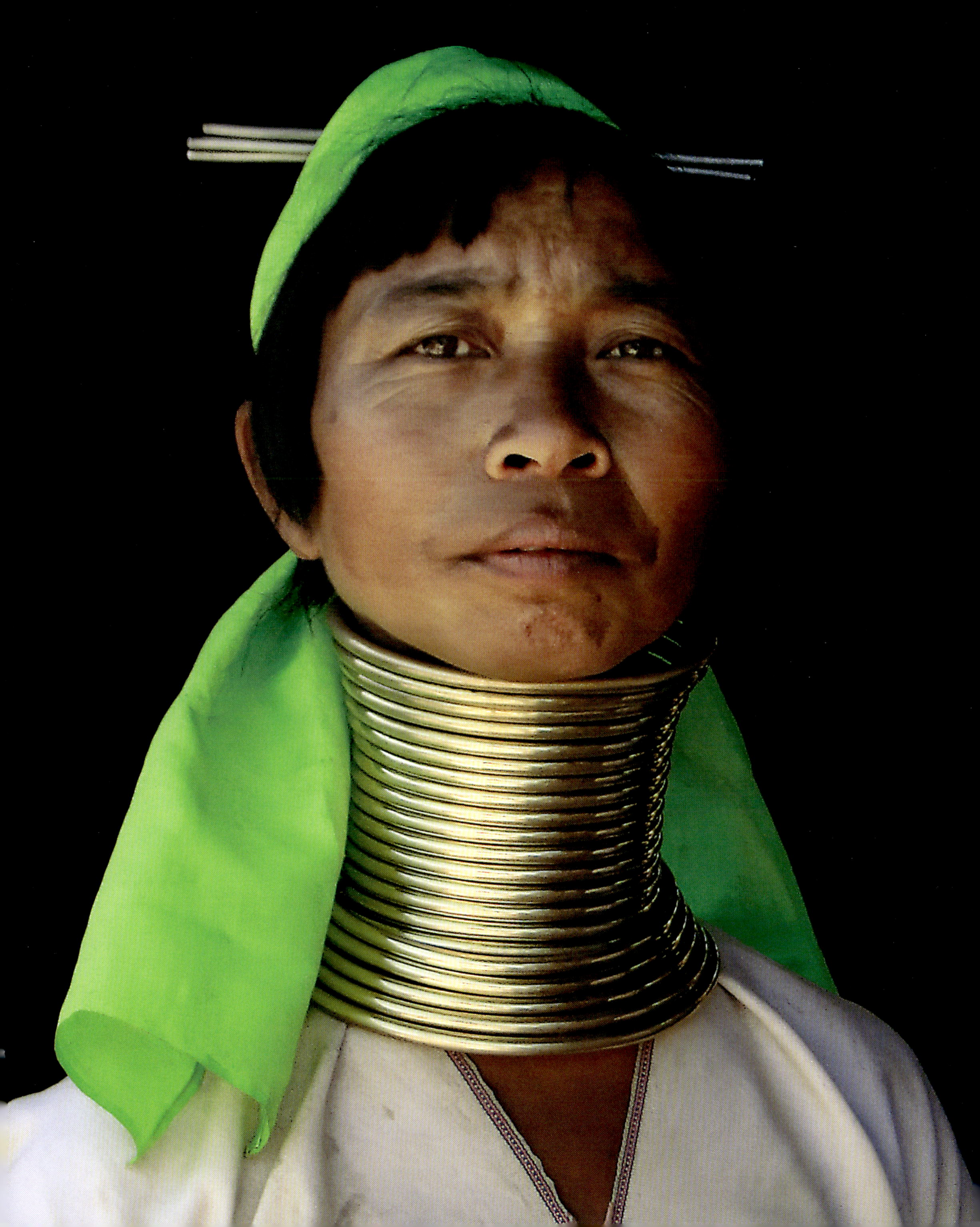

Die Kayah, die im kleinen Kayah-Staat in einer Bergregion leben, schmücken sich gerne mit kunstvollen Ohrringen, Ketten aus Münzen und Ringen aus Silber. Sie haben eine Vorliebe für rote Kopfbedeckung und schwarze Kleidung und tragen oftmals einen roten Umhang. Auch ihre Arbeit verrichten sie in ihrer Stammestracht.

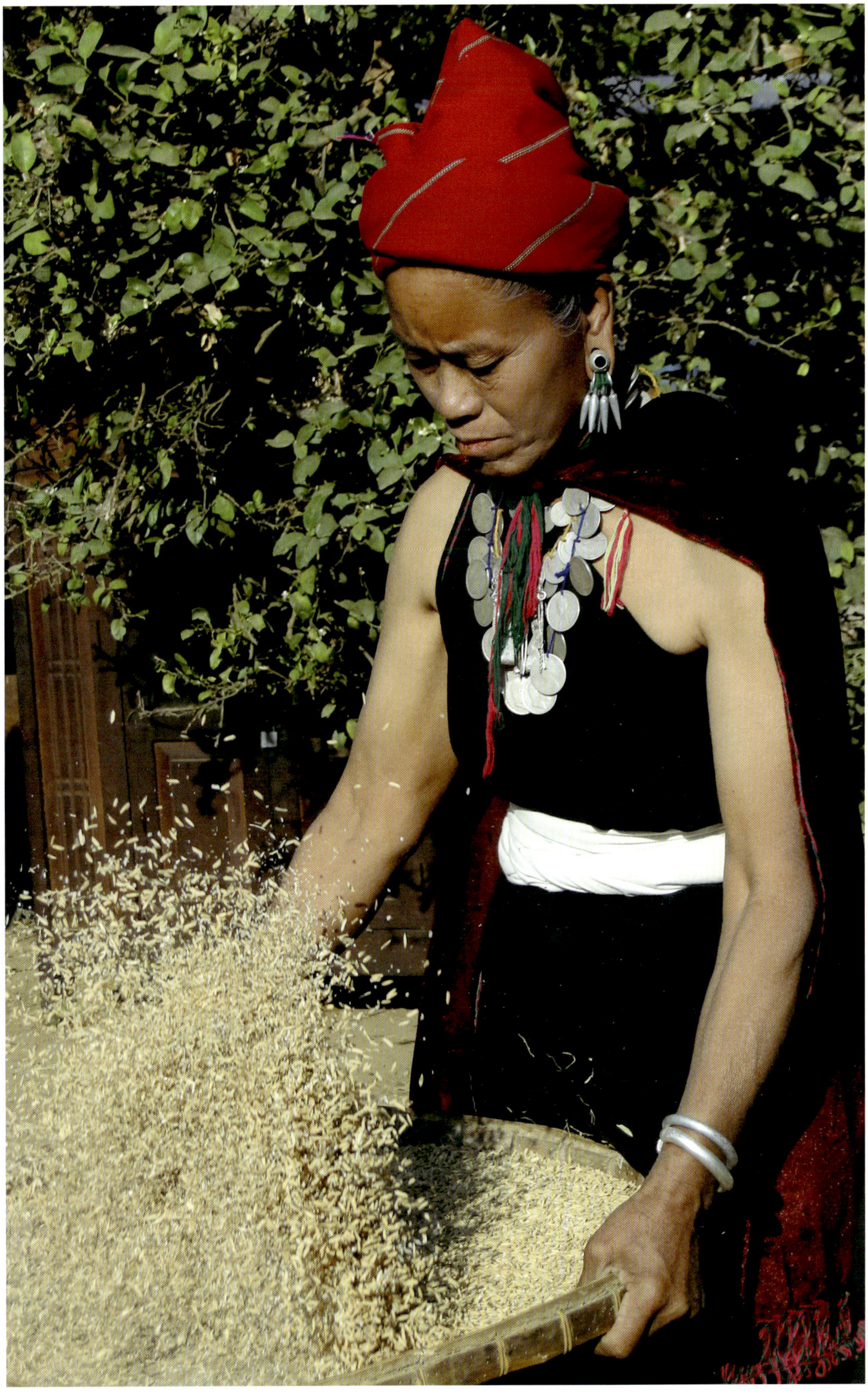

Die Frauen des Stammes Akha im Osten Myanmars an der Grenze zu China, Thailand und Laos tragen als traditionellen Kopfputz schwere, silberne Hauben, die mit bunten, aneinandergereihten kleinen Perlen sowie Silberkugeln und Silbermünzen verziert sind. Letztere stammen noch aus der Zeit des britischen Kolonialismus vor Ende des Zweiten Weltkriegs sowie aus Indien und werden auf dem Markt in Kengtung nach wie vor gehandelt. Die Hauben werden von den Frauen der Akha in einer äußerst mühsamen Prozedur mit sehr viel Geschicklichkeit genäht.

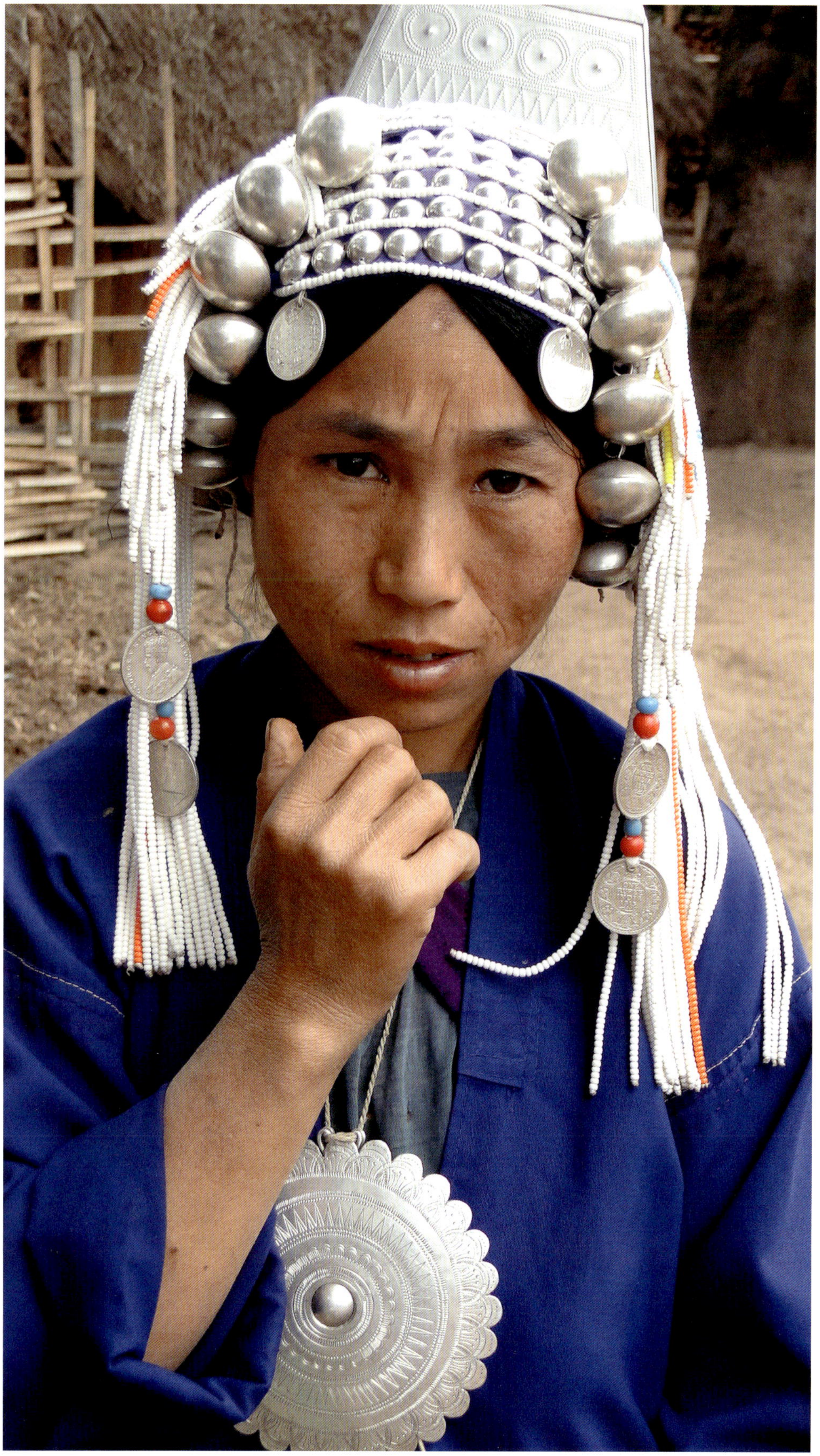

Die Pagode von Shwedagon, die als Quell der Spiritualität treu und inbrünstig verehrt wird, ist Wallfahrtsort von Mönchen und Nonnen aus allen Teilen des Landes. Man sieht sie in den vielen Pavillons rund um den zentralen Stupa meditieren und beten. Jeder Pavillon, Altar und Andachtsraum birgt unzählige Statuen des Buddha in all seinen bekannten Haltungen, mit einem Lächeln der Gelassenheit auf dem Gesicht.

Beeindruckend ist eine tiefe Gläubigkeit, eine meditative Stille, ein Gebete rezitierendes Gemurmel der Gläubigen, die sich überall niederlassen und mit Hingabe Blumen, Räucherstäbchen, Goldblättchen, Schirmchen und Geld als Opfer darbieten.

In Myanmar wird der Theravada-Buddhismus praktiziert. In ihm regeln die »Vier Edlen Wahrheiten« die Lebensweise:

1. Menschliches Leben ist dem Leid unterworfen.
2. Ursache dieses Leids ist die Begierde nach persönlicher, selbstsüchtiger Lust.
3. Das Leid wird aufhören, wenn diese Begierde überwunden ist.
4. Dieses Ziel kann erreicht werden, wenn man den »Edlen Achtfachen Pfad« beschreitet.

Dieser umfasst die Schritte: rechte Anschauung, rechter Entschluss (den Weg des Buddha einzuschlagen), rechte Rede, rechtes Tun, rechter Lebenserwerb, rechte Anstrengung, rechte Achtsamkeit und rechte Meditation.

Lebendiges Shwedagon

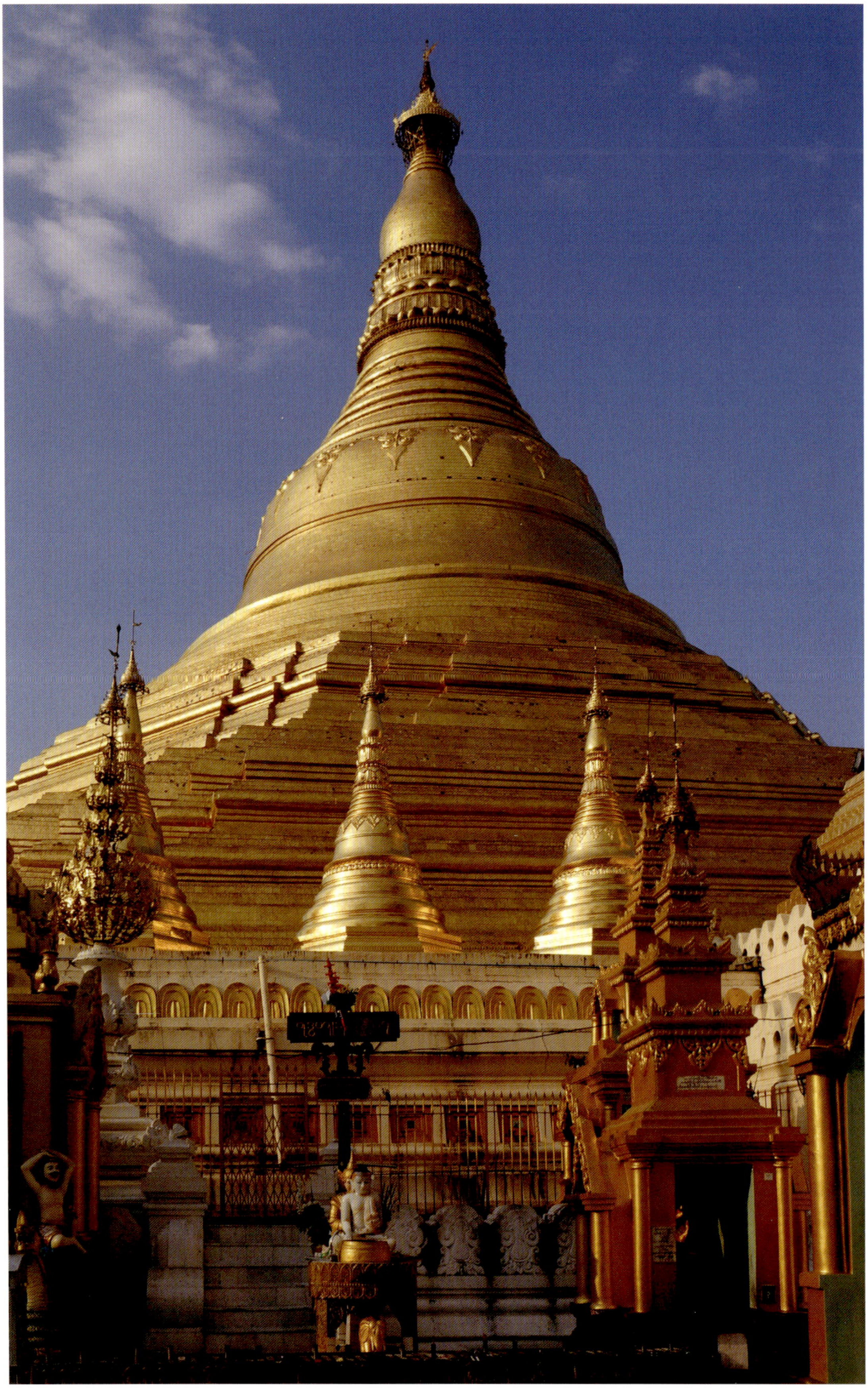

Die goldene Shwedagon-Pagode erhebt sich mit 100 Metern Höhe weithin sichtbar über Yangon in strahlendem goldenen Glanz. Sie enthält Reliquien von vier Buddhas und ist das größte Heiligtum und die bedeutendste Pilgerstätte für Buddhisten aus der ganzen Welt. Auf ihrer Spitze leuchtet eine mit 5448 Diamanten, 2317 Rubinen und vielen weiteren Edelsteinen besetzte Goldkugel.

Der Schrein des Mondes zählt in der birmanischen Astrologie zu den acht Planeten. Er ist Ziel für die Gläubigen, die am Montag geboren und dem Tiger als Sternzeichen zugeordnet sind. Das Übergießen der Planetensäule mit Wasser soll Glück bringen und bedeutet symbolisch das »Löschen des Leids«.

*Was macht es schon,
wenn wir nicht genau den Sinn
der großen Harmonie verstehen.
Ist sie nicht wie der Bogen,
der über eine Saite streicht und sämtliche
Klänge daraus hervorlockt?
Sie ist die Sprache der Schönheit;
sie ist die Liebkosung,
die aus dem Herzen der Welt entspringt
und die unser Herz direkt erreicht.*
Rabindranath Tagore

Eine Novizin begießt die Buddha-Figur auf der Shwedagon-Pagode in Yangon. Es soll ihr, die an einem Montag geboren ist, Glück bringen.

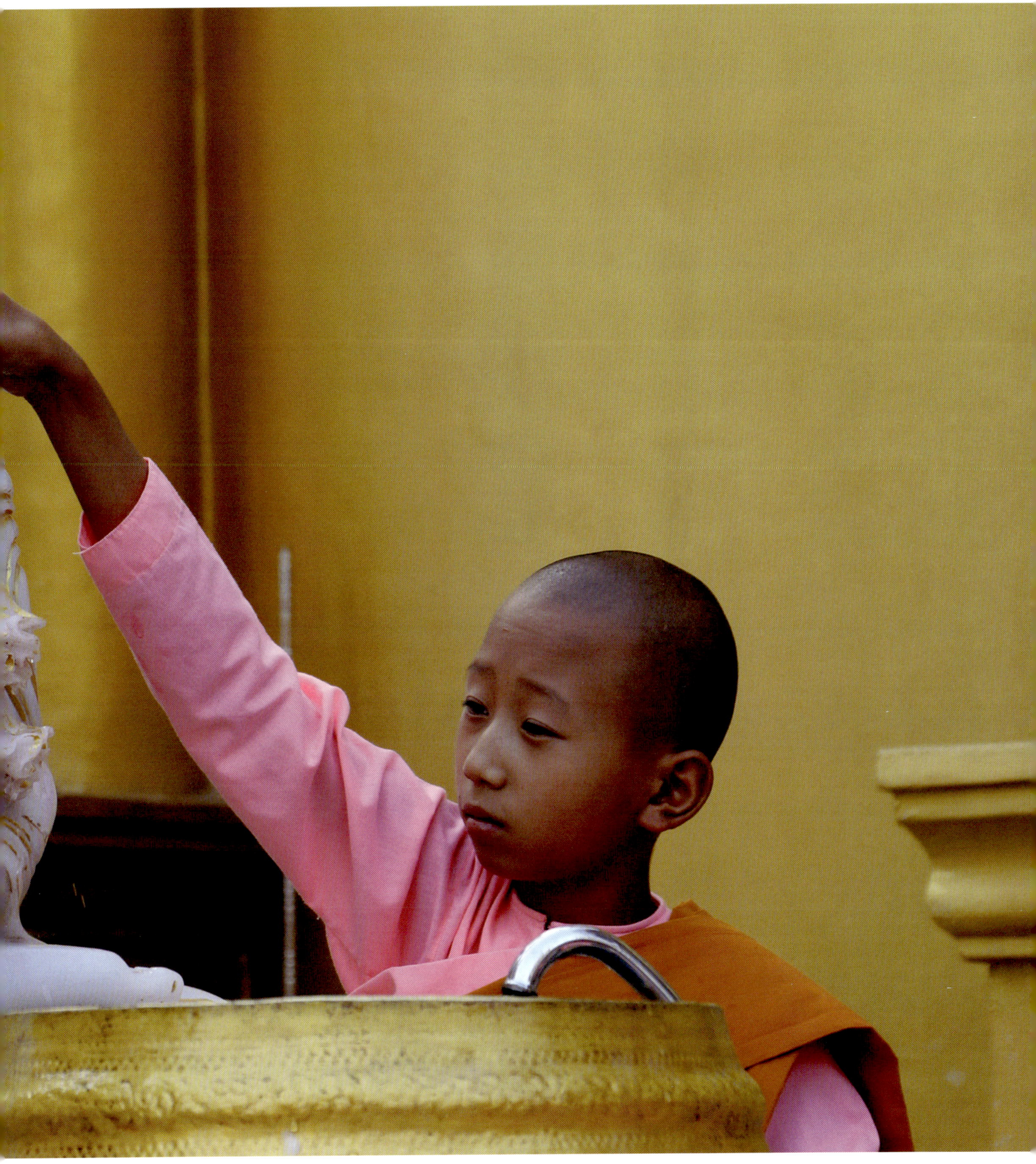

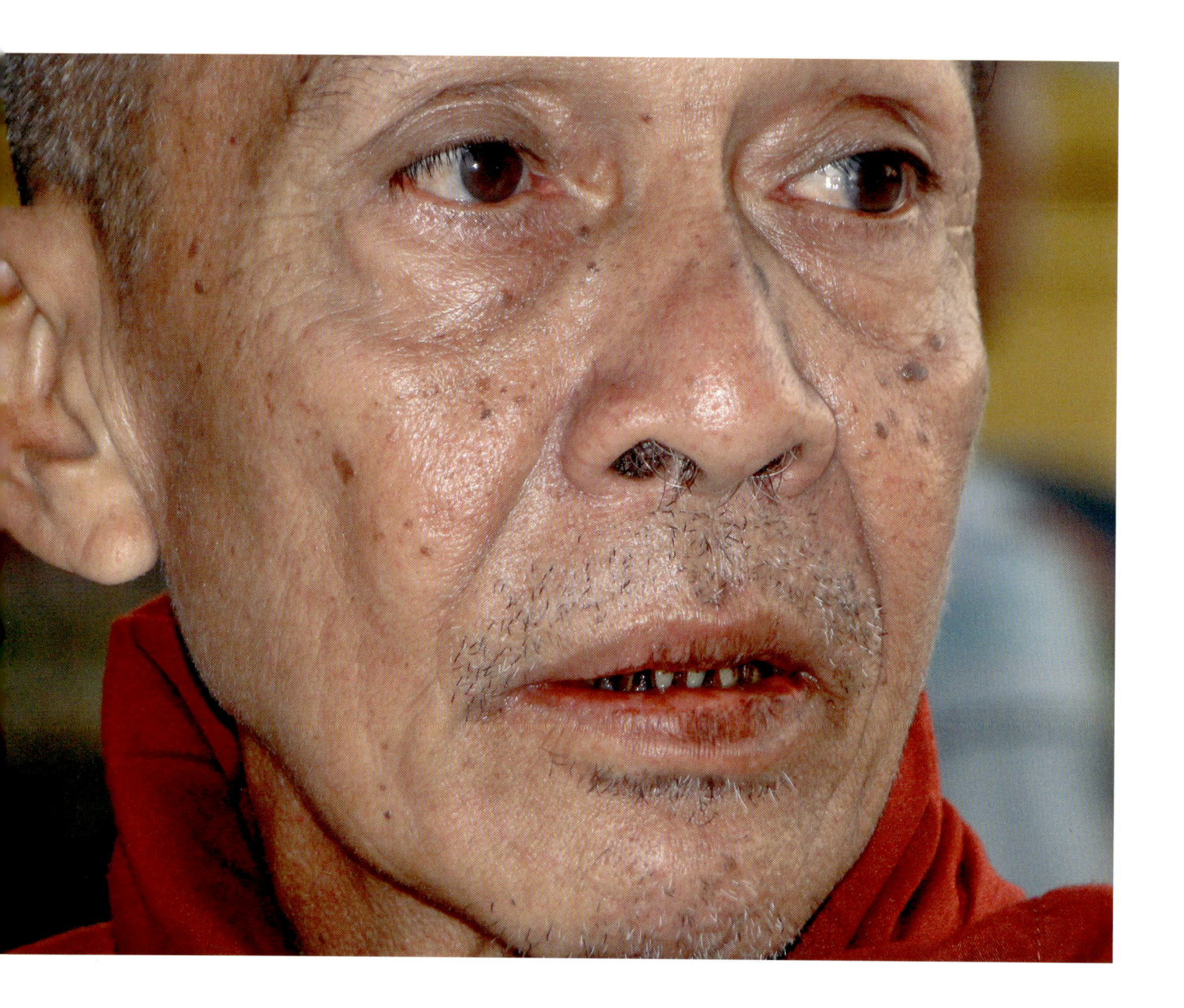

Auf Shwedagon begegnete ich einem weltoffenen Mönch, einem ehemaligen Banker. Mit ihm konnte ich mich ein wenig in Englisch unterhalten, so dass ich erfuhr, dass er früher in einer Bank gearbeitet hatte und später für immer Mönch wurde. Dieses Leben in der Bank sei nichts mehr für ihn gewesen, er sei ihm »entflohen«. Ein Aussteiger, der im buddhistischen Kloster Zuflucht findet. Auch seine Frau und seine erwachsenen Kinder hat er verlassen, um sich ganz der buddhistischen Lehre hinzugeben.

Meditation gilt als eine Methode zur Überwindung des »Durstes« der Gier. Geh-Meditationen und die Sitz-Meditationen des Vipassana dienen der Konzentration auf die reine Beobachtung, der Achtsamkeit auf den geistigen und körperlichen Prozess.

»Wenn wir etwas verstehen wollen, wie es wirklich ist, sollen wir es aufmerksam beobachten, ohne es zu analysieren, ohne es logisch zu begründen, ohne philosophische Interpretationen und ohne Vorurteile zu haben.« Vipassana-Meditationen

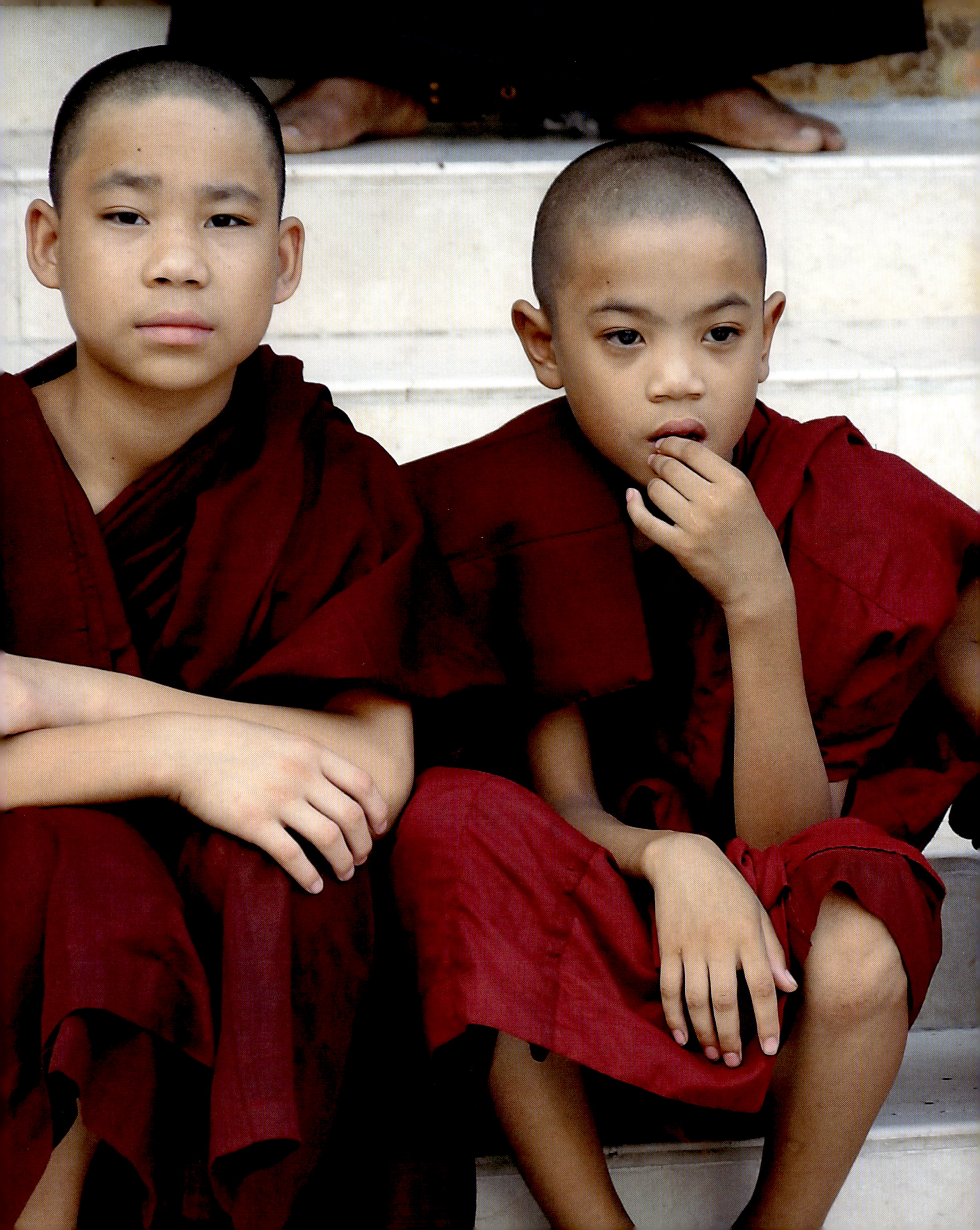

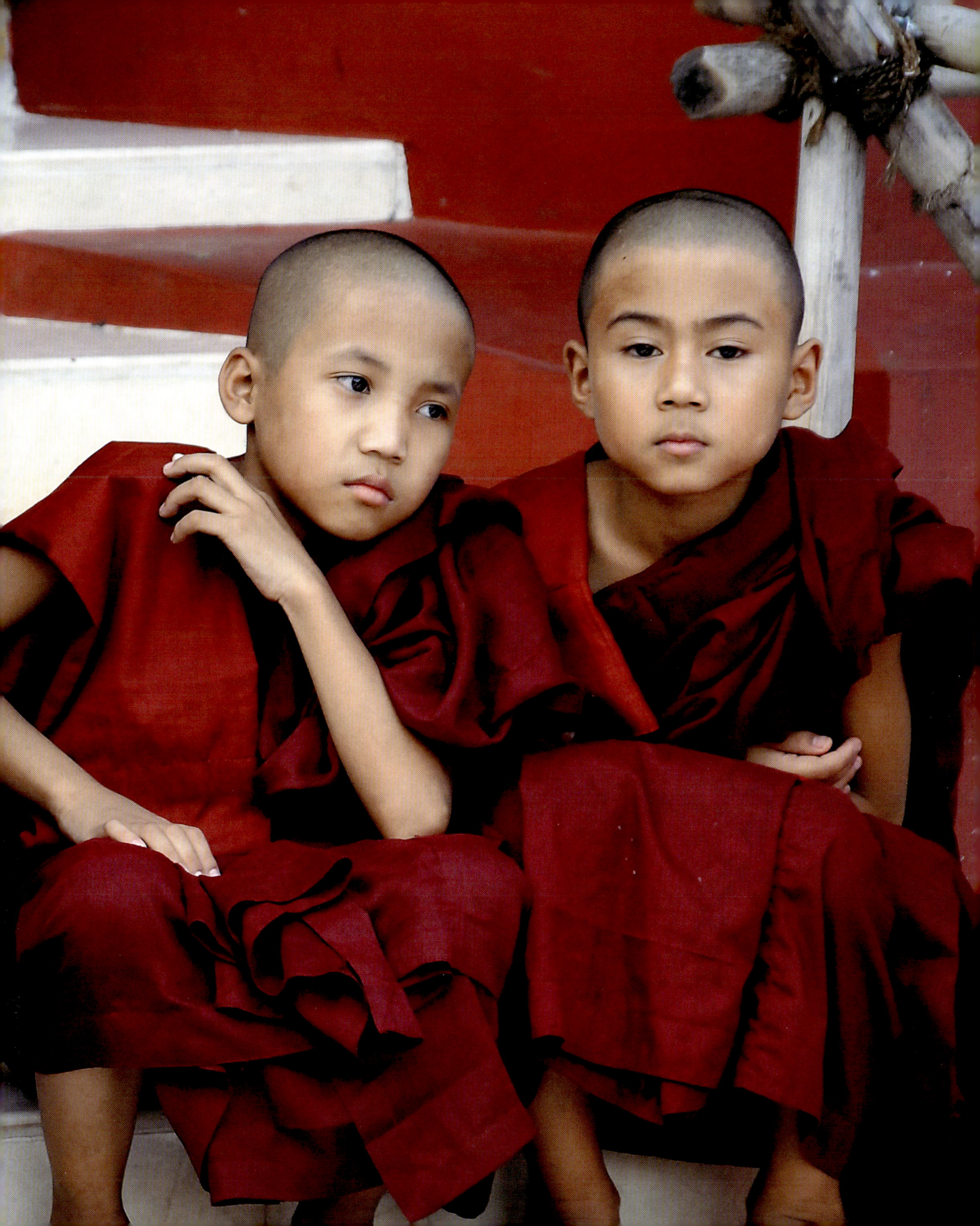

»Durch die Meditation übt man in jedem Augenblick die Erweckung. Man lernt dadurch, in der Gegenwart des Alltags zu leben. Wir dürfen uns weder in der Vergangenheit noch in der Zukunft verlieren. Der einzige Augenblick, in dem man lebt und das Leben berühren kann, ist der gegenwärtige Moment, das Hier und Jetzt.« Thich Nhat Hanh

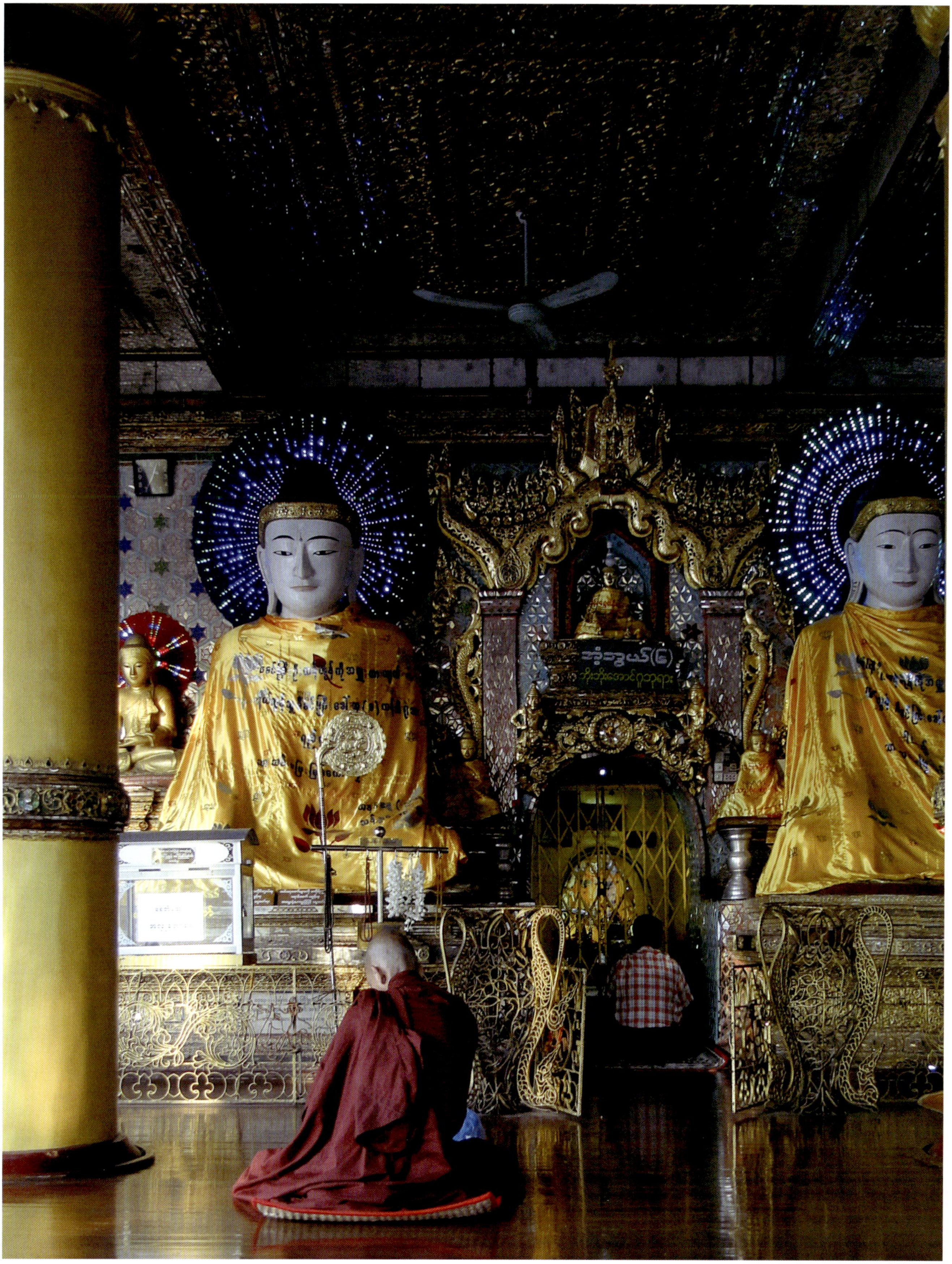

Auf der Pagode gibt es einen Schrein, in dem der Nat Bo Bo Gyi, Schutzgeist der Shwedagon-Pagode, verehrt wird. Rechte Seite: Ein zukünftiger Novize bei seiner Shin Pyu-Feier auf Shwedagon.

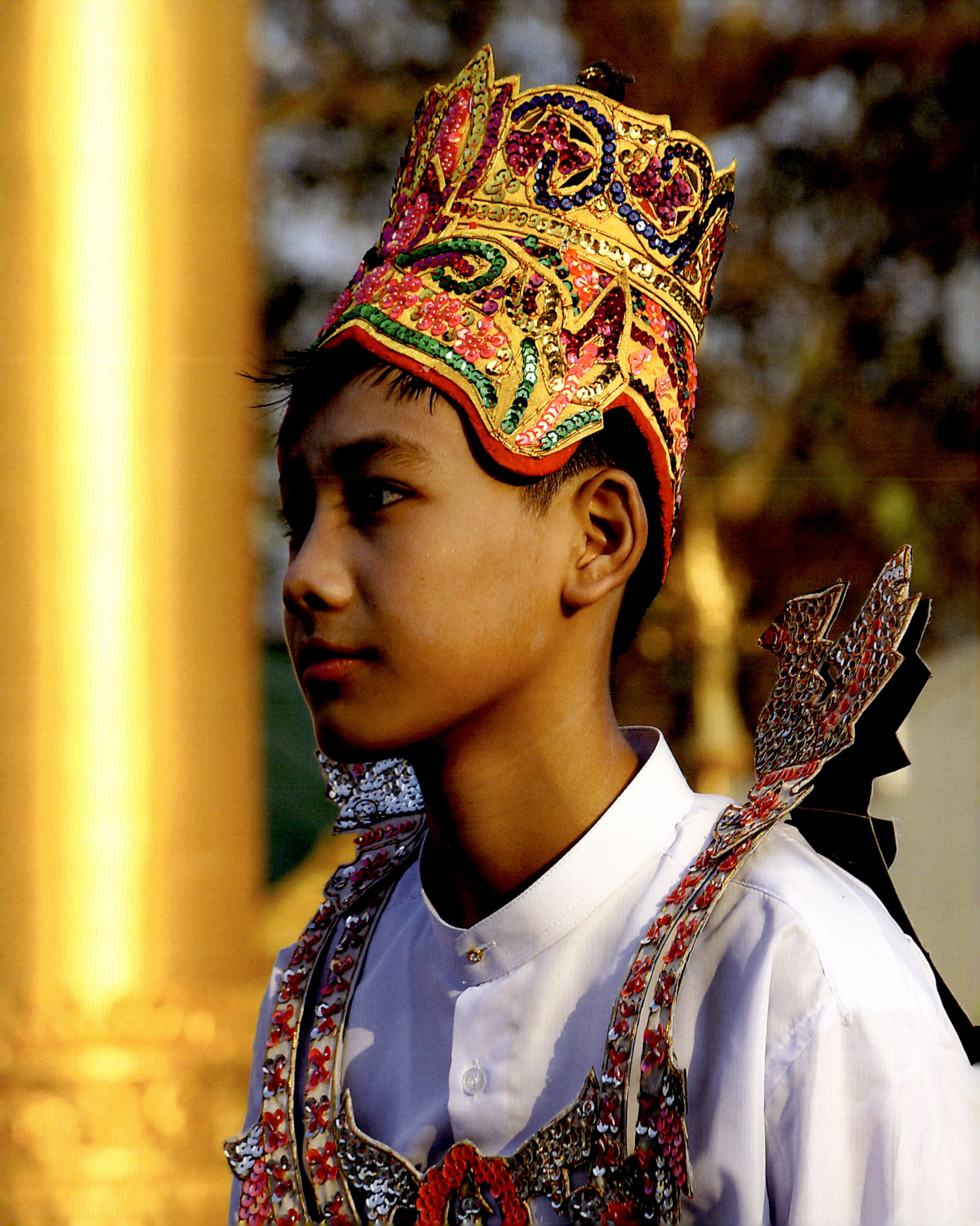

မင်းကွန်းဆရာတော်ဘုရားကြီး
တိပိဋကဓရဓမ္မဘဏ္ဍာဂါရိက
ဦးဝိစိတ္တသာရာဘိဝံသ
အားဦးထိပ်ထား၍
၁၃၆၁ ခုနှစ် ၁၉၉၉ ခုနှစ်

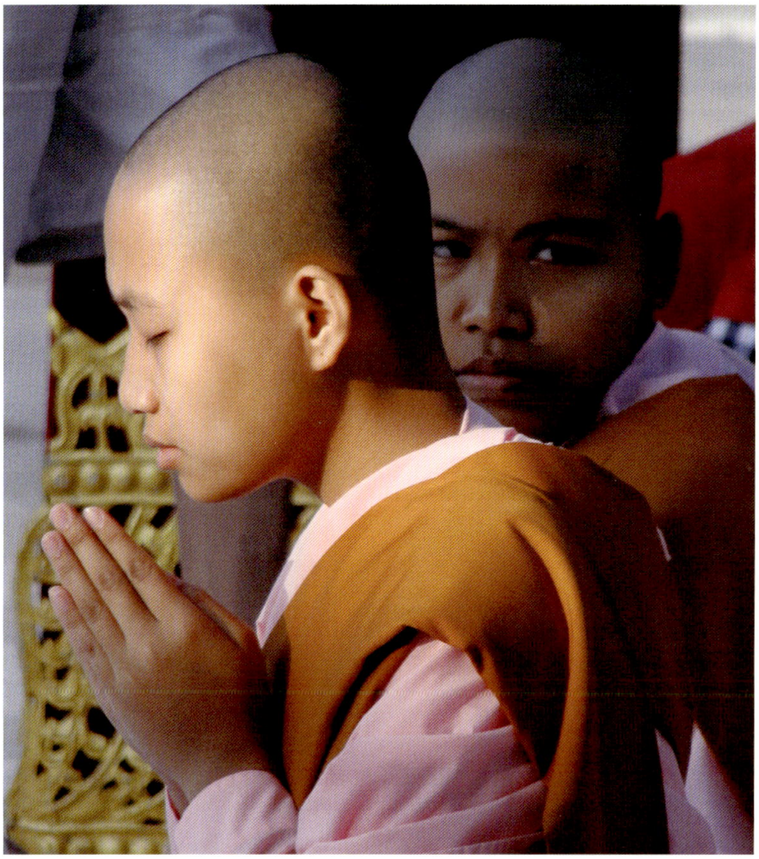

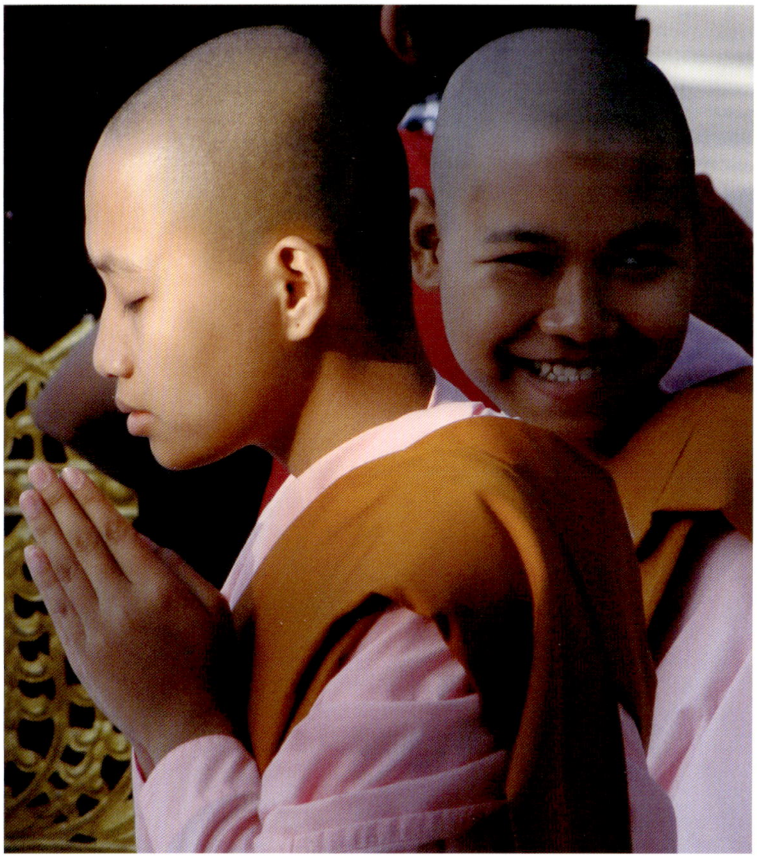

Gemeinsam gehen Novizinnen mit älteren Nonnen zur Shwedagon-Pagode, um dort ihre Gebete und religiösen Handlungen zu verrichten. Obwohl wir nicht miteinander sprechen konnten, sah ich in dem warmherzigen Gesicht der Nonne ein ganz feines Lächeln, das sie mir schenkte.

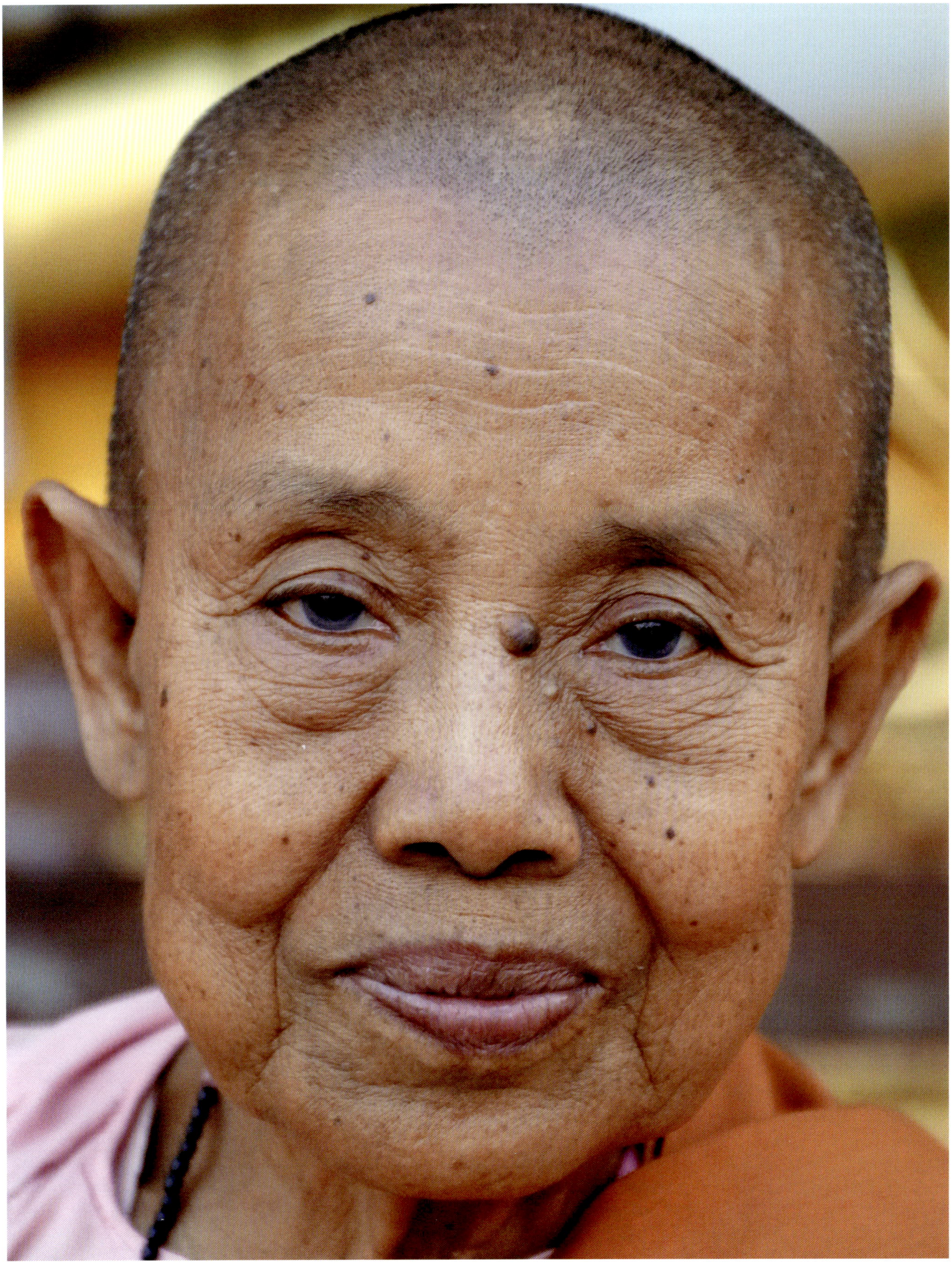

Darstellung des liegenden Buddhas, der seinen Kopf stützt, kurz bevor er in das Nirwana eingeht.

Der Buddhismus bezeichnet mit Nirwana (»Erlöschen des Feuers«) einen Zustand, in dem jede Vorstellung des Selbst ausradiert wurde und in dem der Wunsch nach weltlichen Freuden und nach persönlicher Befriedigung in der Welt völlig fehlt.

Ein leichtes, kaum wahrnehmbares Schmunzeln huscht über das Gesicht des Mönchs Maung, als er das Treiben auf der Shwedagon-Pagode verfolgt. Auch er ist von Bagan gekommen zum größten Heiligtum der Buddhisten.

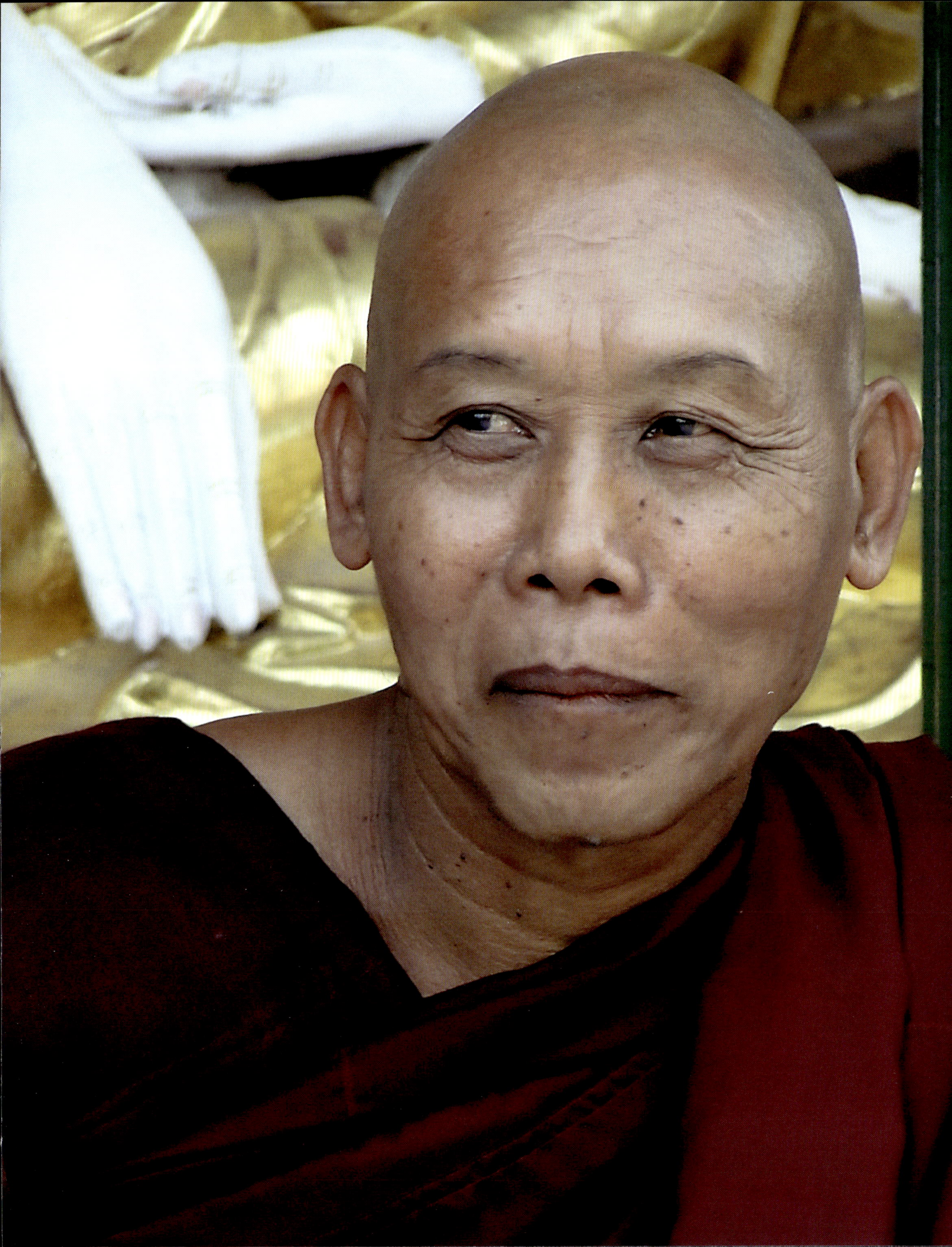

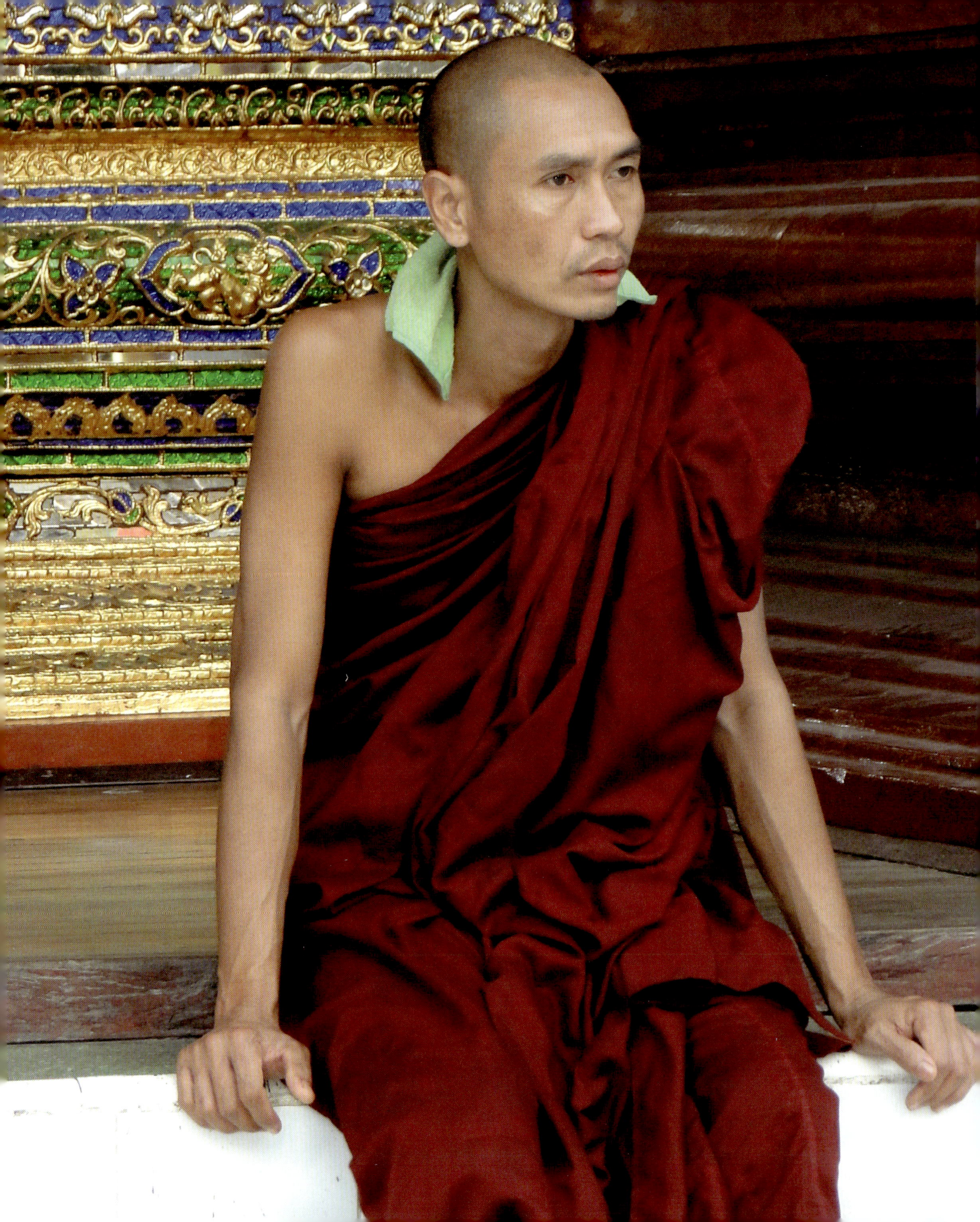

Thailändische Besucherinnen auf der
Pagode Shwedagon.

Das Handy hält auch in Myanmar
immer weiter Einzug.

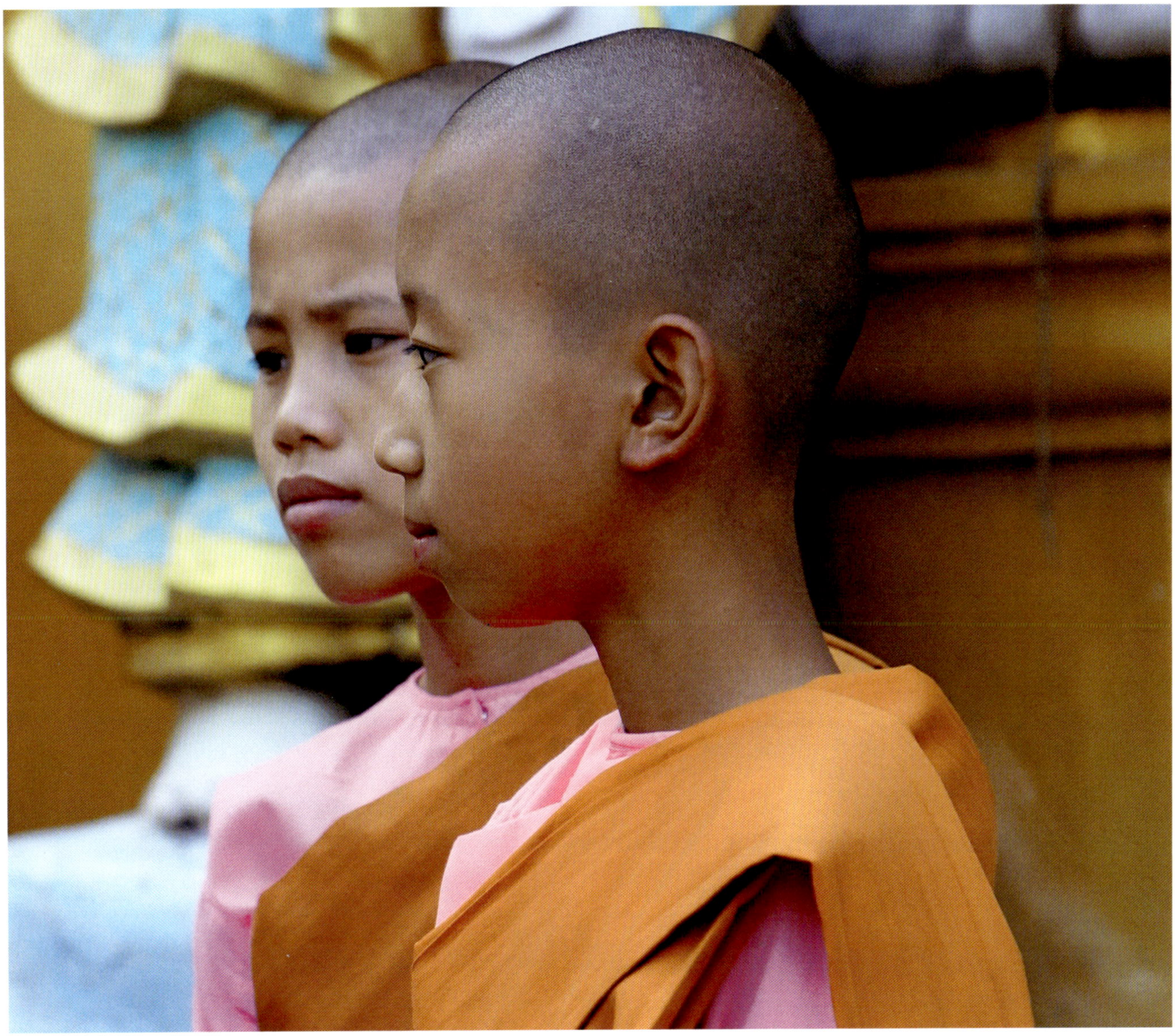

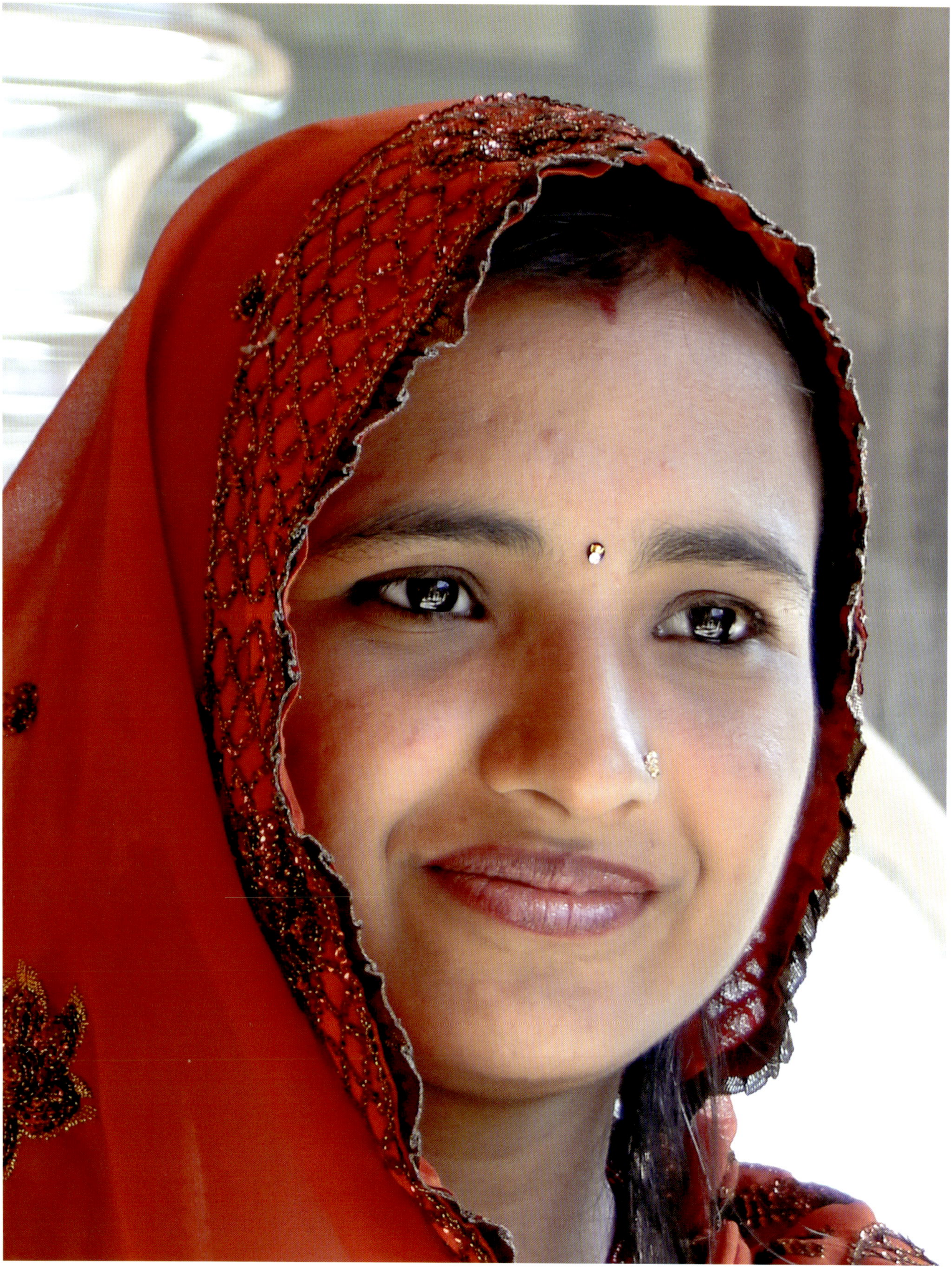

Eine Inderin auf Hochzeitsreise in Myanmar, wie sie mir stolz erzählte, besucht Shwedagon.

*»Mann muss seinen Traum finden,
dann wird der Weg leicht.
Aber es gibt keinen
immerwährenden Traum,
jeden löst ein neuer ab,
und keinen darf man festhalten wollen.«*
Hermann Hesse

Ein Mönch auf der Shwedagon-Pagode zündet Kerzen an für das Fest zum Unabhängigkeitstag Myanmars.

Skeptisch runzelt der Mönch die Stirn, da ich eine fotografierende Touristin mehr auf der geheiligten Shwedagon-Pagode bin. Seit sich Myanmar vor wenigen Jahren politisch mehr geöffnet hat, strömen Touristen von überall in das »goldene Land.« Wer von den Mönchen und Nonnen Englisch kann, ist sogar bereit, einige Worte mit den Fremden zu wechseln.

Auf der Südseite der Shwedagon-Pagode wird die Padashin-Buddhafigur verehrt.

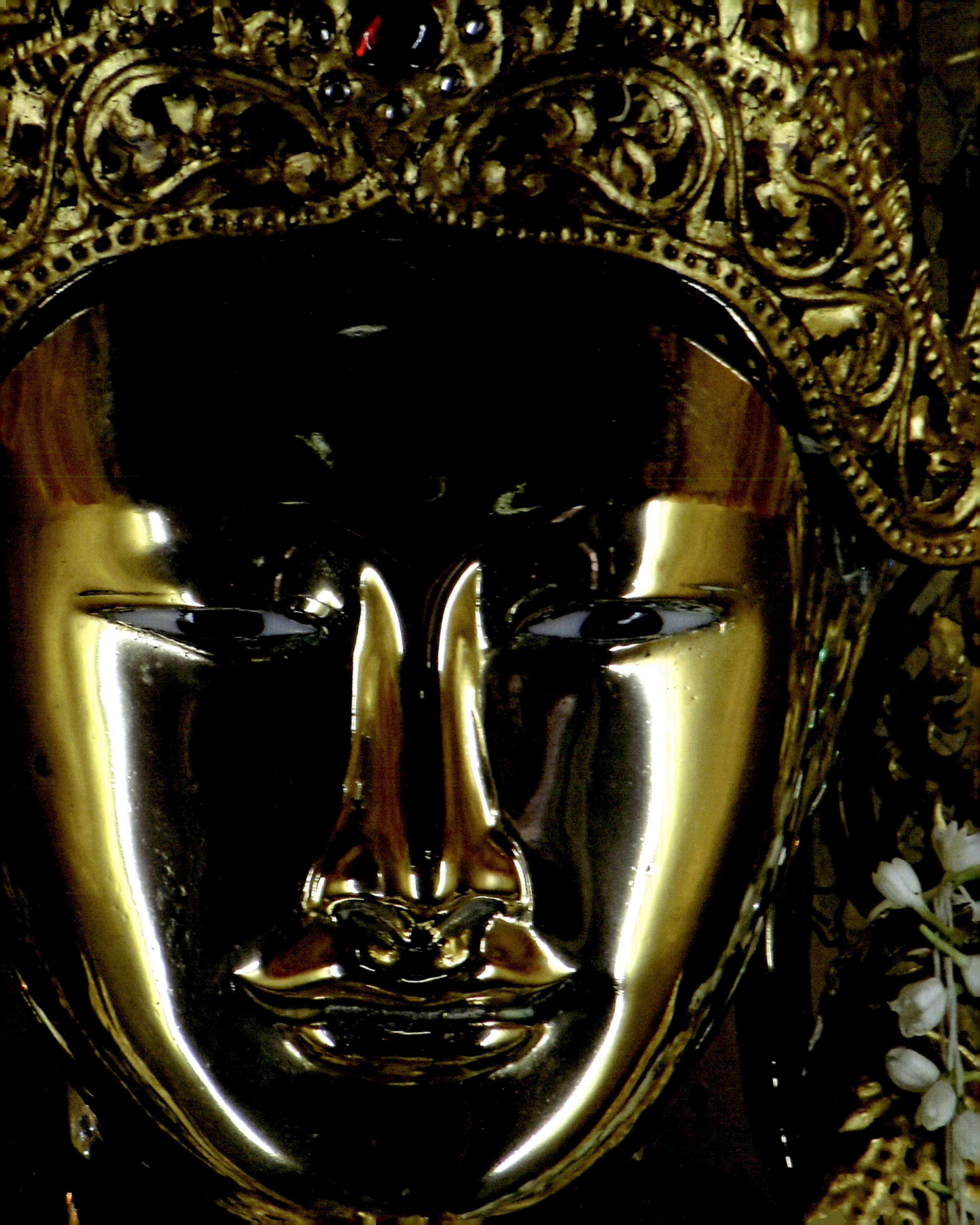

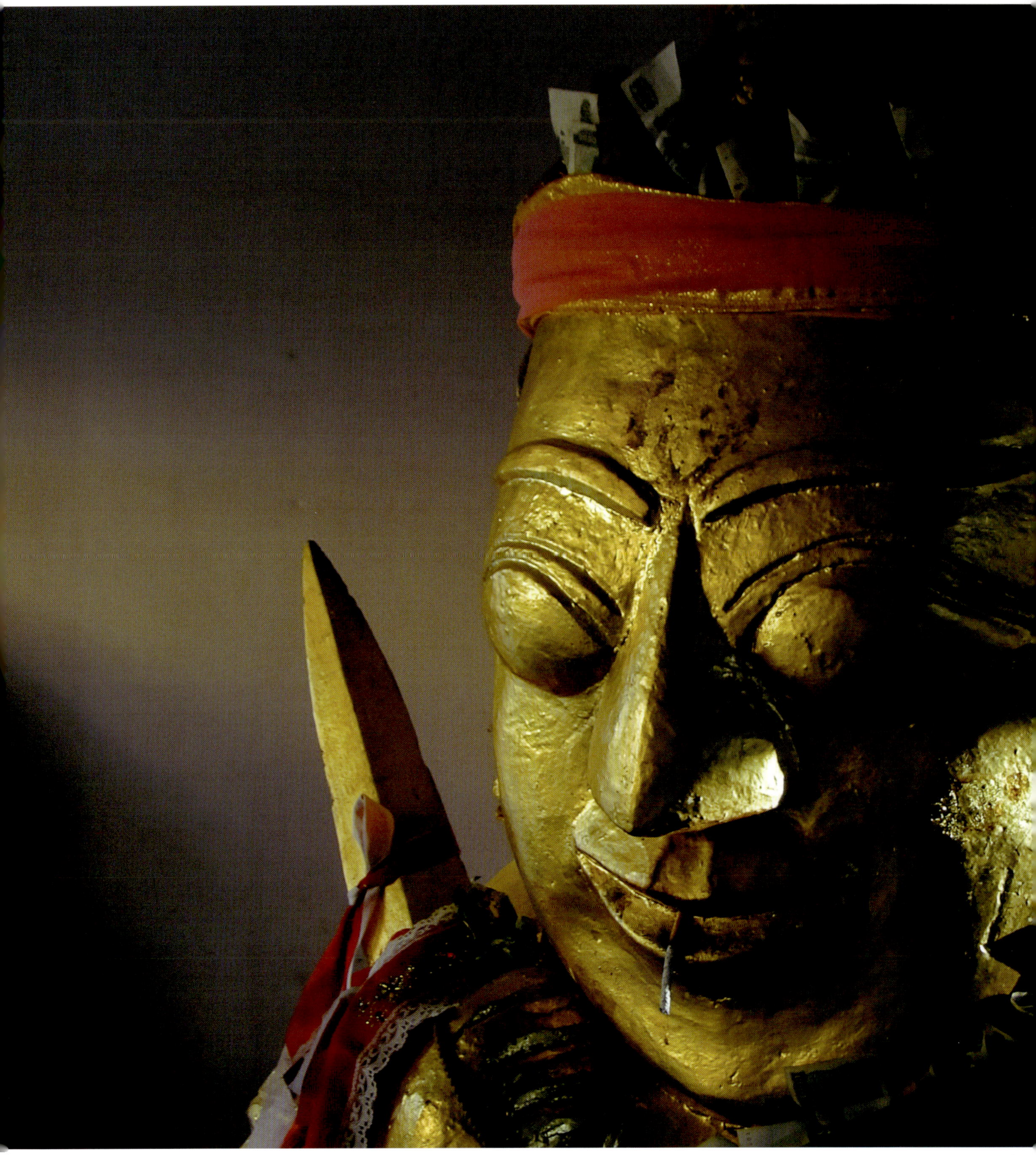

Mit dem Begriff Nat bezeichnet der Birmane sowohl die wohlwollen den Geister als auch unheimliche Schreckgespenster. Figuren stellen Menschen dar, die durch tragisches Verhängnis ihr Leben verloren hatten, sich dann in Nat verwandelten und nun durch Opfergaben beschwichtigt werden müssen und um Hilfe und Wohlwollen bei unterschiedlichen Unternehmungen gebeten werden. Die Verehrung der Nat-Geister, wie hier Nat Shwe Nyo Thin, ist bis heute in Klöstern, heiligen Pagoden und myanmarischen Häusern bei allen Generationen präsent.

Abseits der zahlreichen, bekannten Klöster, die von den Besuchern sehr frequentiert sind und die man als Postkarten sehen kann, gibt es viele weniger bekannte Klöster, die selten von Touristen besucht werden. Auch sie beherbergen wunderbare Schätze, die über Jahrhunderte gesammelt wurden.

Das Kloster Myaw Hlesin Kyaung wird von 245 Teakholz Stämmen getragen und stammt aus dem Jahr 1868. Es präsentiert im Inneren eine kleine Buddha-Sammlung. Gläubige Buddhisten aus der Region geben regelmäßig Spenden an »ihr« Kloster, wie die dunkelroten Stoffe für die Roben der Mönche, Essen, Geldspenden und natürlich Buddha-Figuren und religiöse Gegenstände zu einem besonderen Anlass oder Ereignis. In früheren Zeiten lebten in den Klöstern viele Mönche und Novizen. Fest- und Feiertage wurden aufwendig begangen. Heute sind es oft nur einzelne, ältere Mönche, die im Kloster leben und dessen Besitz aufrecht erhalten.

»Wir hoffen, dass die Welt unbedingt die Erfüllung unserer Wünsche zulässt, und da das nicht der Fall ist, sind wir in den Fängen des Leidens. Unsere Suche nach dem Glück ist häufiger auf unsere Illusionen gegründet als auf die Wirklichkeit. Es ist müßig, zu versuchen, die Welt nach unseren Launen zu gestalten; wir müssen vielmehr unseren Geist transformieren.« Matthieu Ricard

Klosterleben auf dem Land

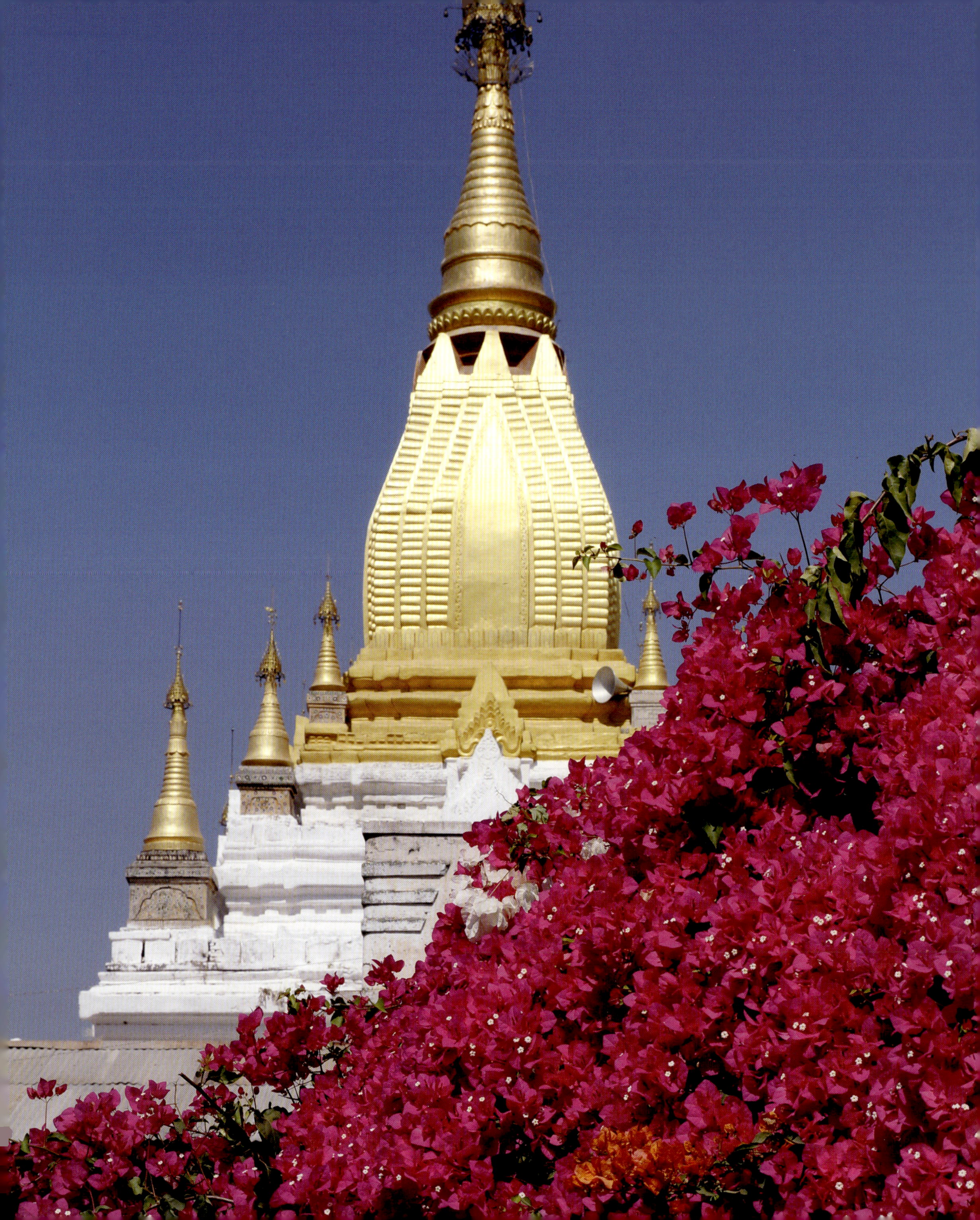

Shin Bin Sarkyo Hla und seine verborgenen Schätze.

Ein Kleinod von strahlender Schönheit ist der 1191 gegründete Tempelkomplex von Shin Bin Sarkyo Hla. Die heutigen, vorwiegend aus Holz errichteten Gebäude stammen aus dem 19. Jahrhundert. Zahl und Größe lassen darauf schließen, dass es einst ein prosperierendes Kloster war.

Das Kloster besitzt viele verborgene Schätze wie Buddha-Figuren, Steinskulpturen, Wandmalereien und unzählige buddhistische Opfergaben.

Heute leben nur noch wenige Mönche hier. Mit viel Aufwand und Feingefühl müssen Restaurierungsarbeiten durchgeführt werden, die von Spenden der Gläubigen bezahlt werden.

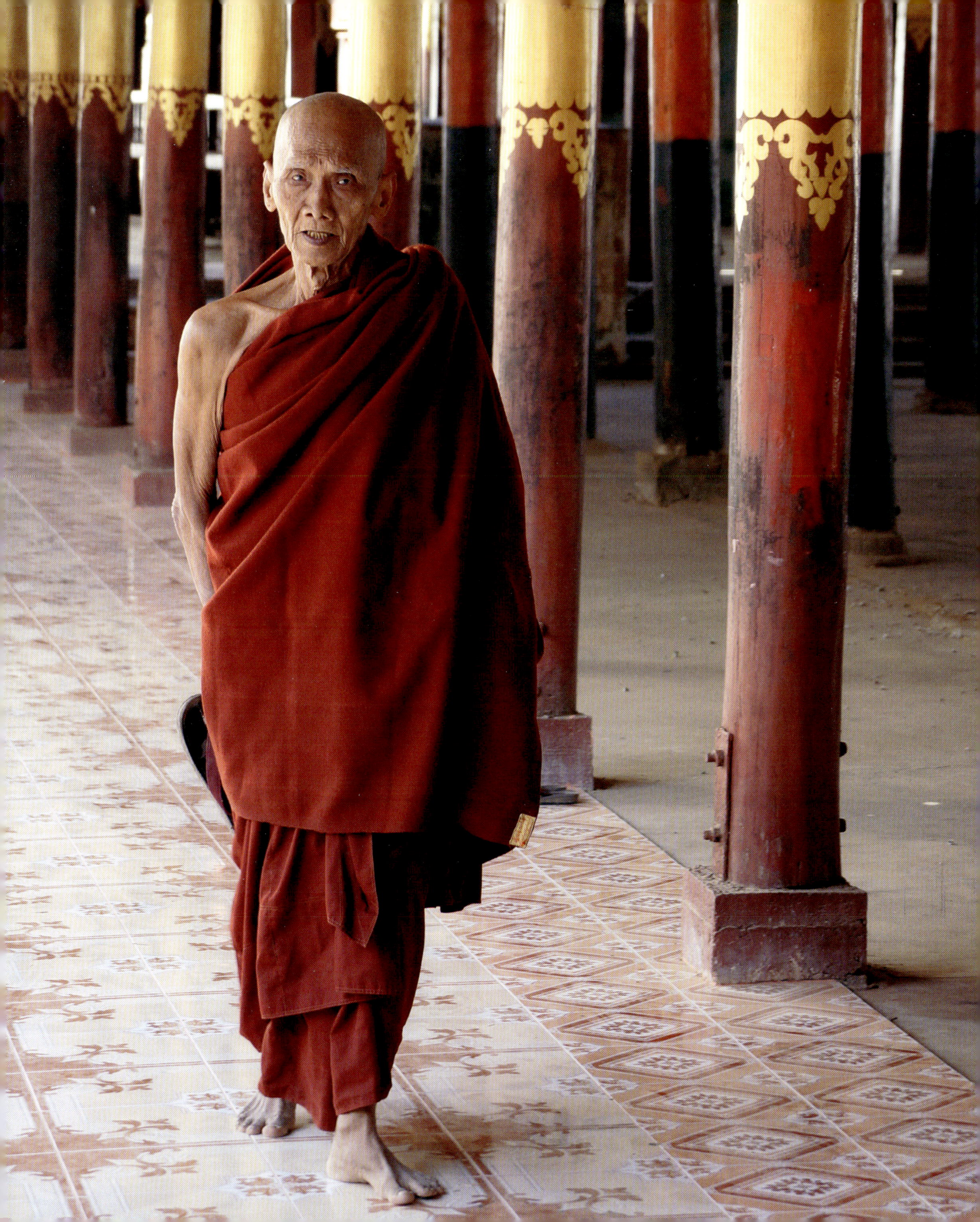

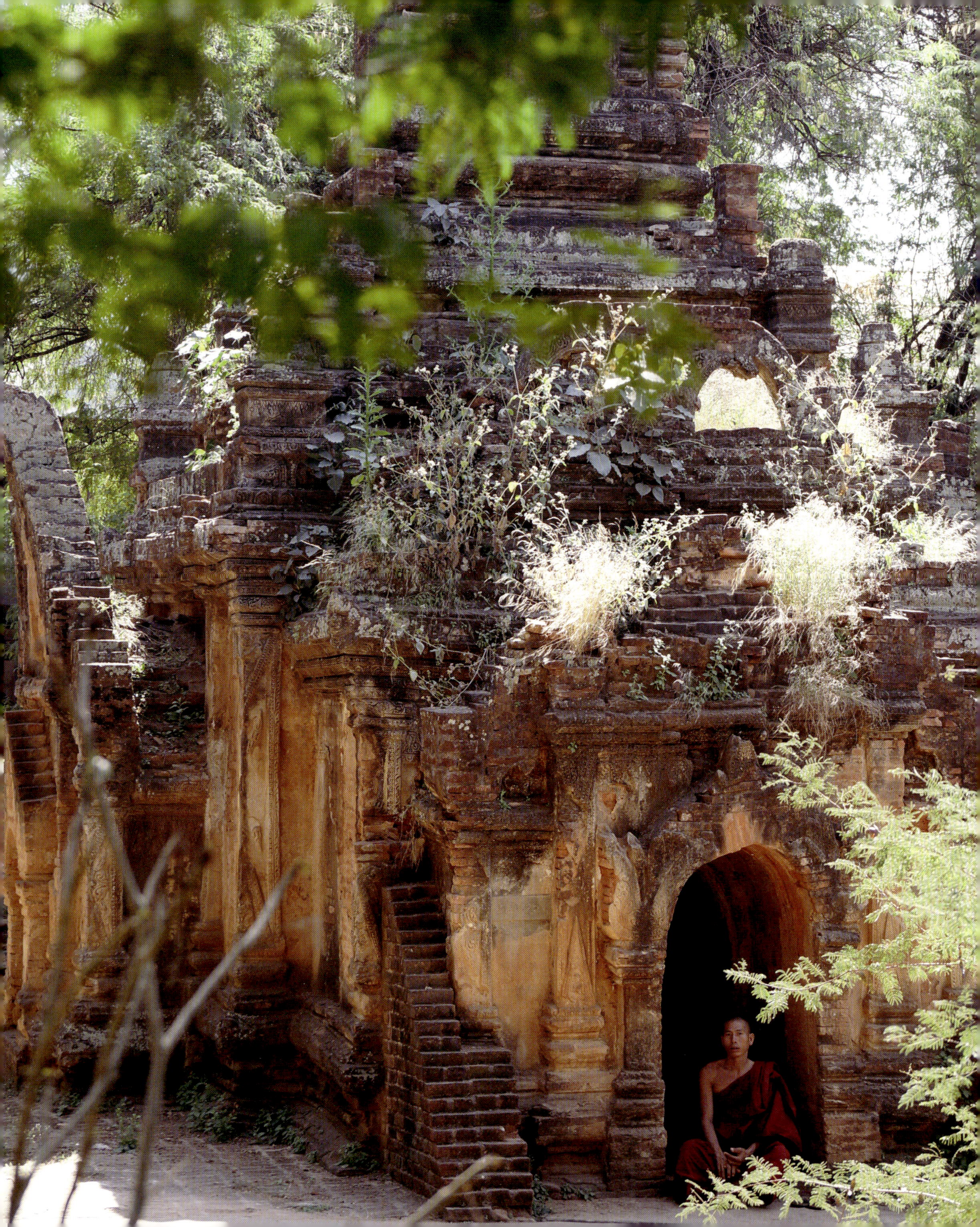

Die Erdberührungsgeste (der sitzende Buddha berührt mit den Fingerspitzen der rechten Hand die Erde) symbolisiert den Moment der Erleuchtung, in dem Herz und Geist vollkommen frei von Zwängen des Begehrens geworden sind.

*»Wenn wir uns von den Gedanken
des Nehmens und des Ablehnens
auch nur ansatzweise frei machen können,
wird alles klar vor uns in Erscheinung treten.
Unser Gewissen wird sich beruhigen,
und unser Geist wird heiter sein.
Jenseits der Relativität existiert
keine Zweiheit, kein Gegensatz mehr.«*
Meister Taisen Deshimaru

Ein spartanisches Klosterleben führt der 83-jährige Mönch, der alleine in einem alten Kloster lebt, bei dem Volksstamm der Pa-Os im Shan-Staat.
Eine einfache Feuerstelle dient dem Mönch zum Kochen und zur Erwärmung des Raumes.

174

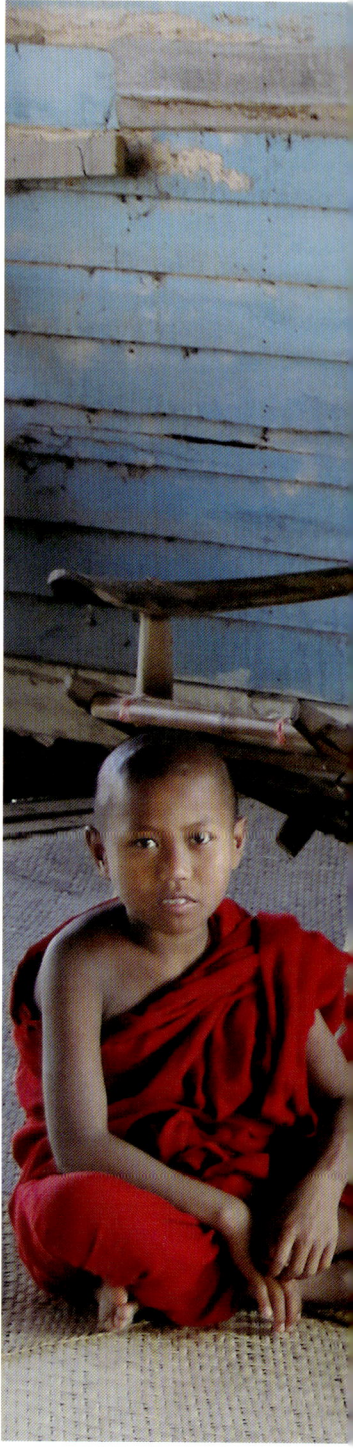

In dem Städtchen Salin im Staat Magway erhebt sich das Kloster Shwe Maw Taw wie eine Insel aus dem Wethigan-See. Bei einem Besuch des malerischen Klosters am Nachmittag traf ich einen Mönch mit zwei Novizen beim Gespräch über die buddhistische Lehre an. Mein Führer befragte sie nach ihren Studien. Sie waren mit großem Ernst bei der Sache und konnten ihre Fragen an den »Lehrmeister« stellen.

»Ziehe Lebewesen groß und ernähre sie,
aber versuche nicht,
sie dir untertan zu machen.
Arbeite, ohne etwas zu fordern,
gib Anleitung, aber beherrsche nicht.
Dies ist das Geheimnis der Tugend.«
Laotse

177

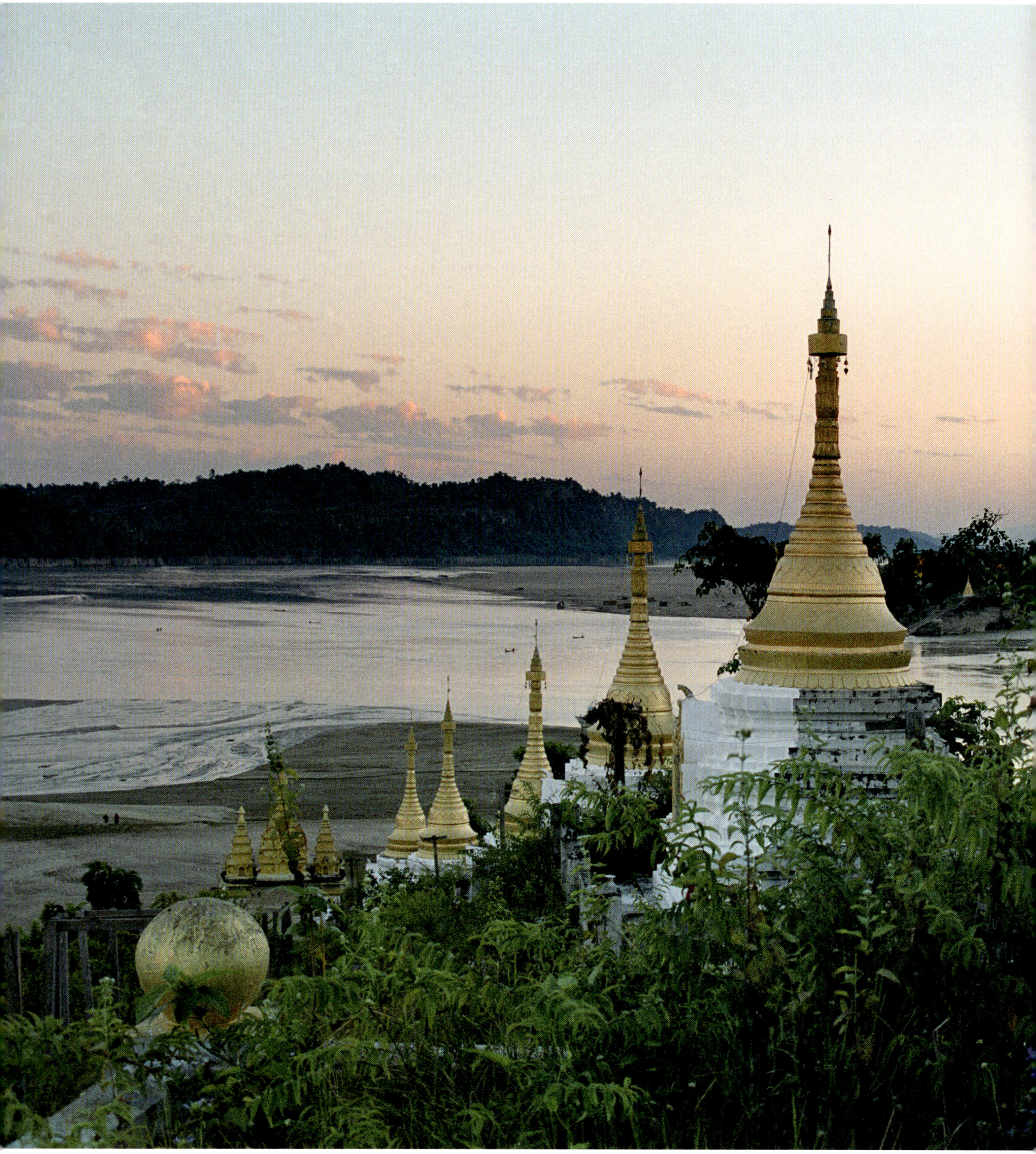

*»Alles ist Kosmos: die Steine,
die Berge, die Bäume, die Blumen,
die Kräuter, die Sterne.
Die gesamte Natur ist Kosmos
und ebenso die Nicht-Natur,
das Künstliche und alle Werke
des Menschen, die materiellen
ebenso wie die spirituellen,
sowie Raum und Zeit.«*
Meister Dogen

Aufgang zu einem Tempel am
Chindwinn-Fluss im Sagaing-Staat.

Im Nonnenkloster Nya Nah Saryi in Yangon leben Novizinnen, die dort Buddhas Lehre in Pali studieren. Ein Festtag beschert ihnen köstliche Speisen, von einem großzügigen Spender gestiftet, für den es eine Ehre ist, den Nonnen Speisen geben zu dürfen.

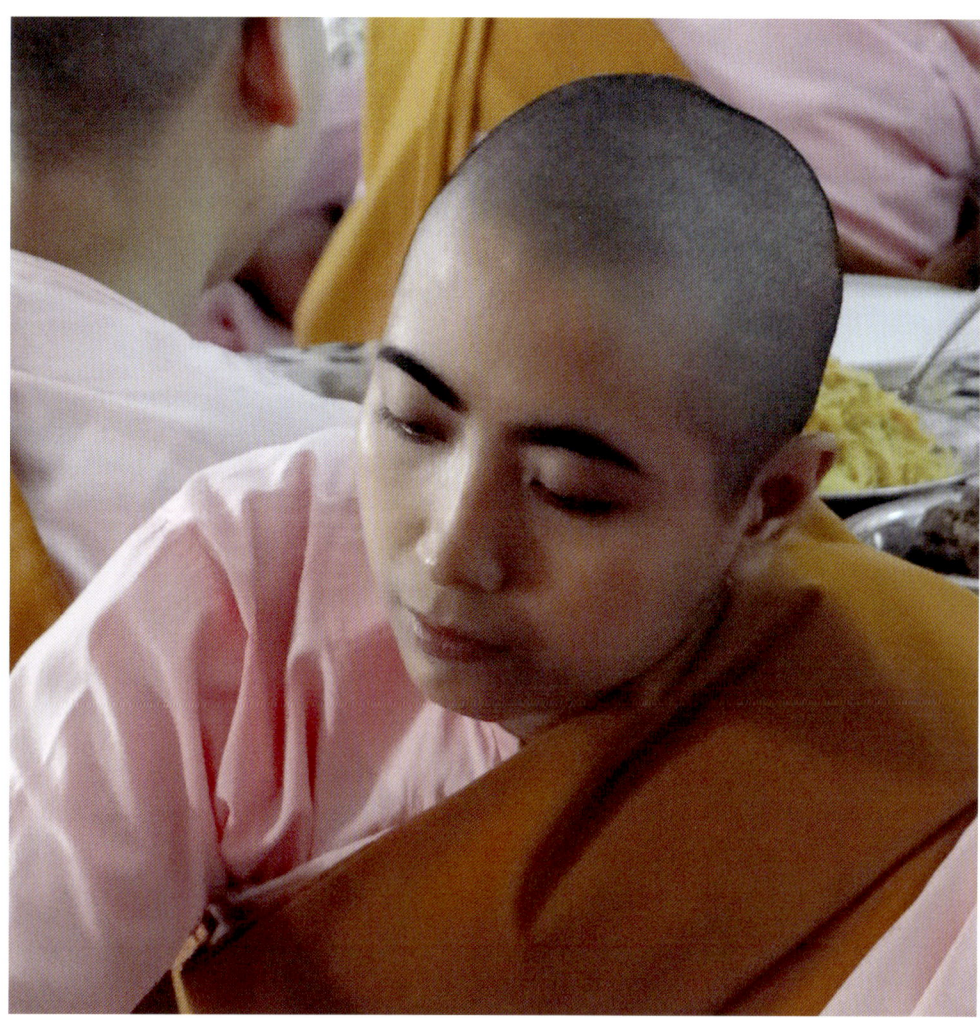

Regeln der Nonnen:

Die heutigen Nonnen in Myanmar sind »Silashins«, das heißt Nonnen, die mit den acht ethischen Grundregeln, »Acht Silas« genannt, ordiniert sind. Die »Acht Silas« (ethische Übungsregeln) sind:

1. Lebewesen will ich nicht töten.
2. Nicht-Gegebenes will ich nicht nehmen.
3. Alle sexuellen Aktivitäten will ich aufgeben.
4. Lügen und unheilsame Rede will ich nicht gebrauchen.
5. Alkohol, Drogen und Rauschmittel, die die Ursache für Unachtsamkeit sind, will ich nicht zu mir nehmen.
6. Nach dem Mittagessen (Sonnenhöchststand) will ich kein Essen mehr zu mir nehmen.
7. Mit Tanzen, Singen, Musizieren will ich mich nicht vergnügen und mit Blumen, Schmuck, Parfüm und Kosmetik will ich mich nicht verschönen.
8. Hohe und luxuriöse Betten und Sitze will ich nicht benutzen.

Nonnen dürfen Geld sammeln für Lebensmittel, die sie selbst zubereiten, während es für Mönche verboten ist, Geld zu berühren und zu kochen.

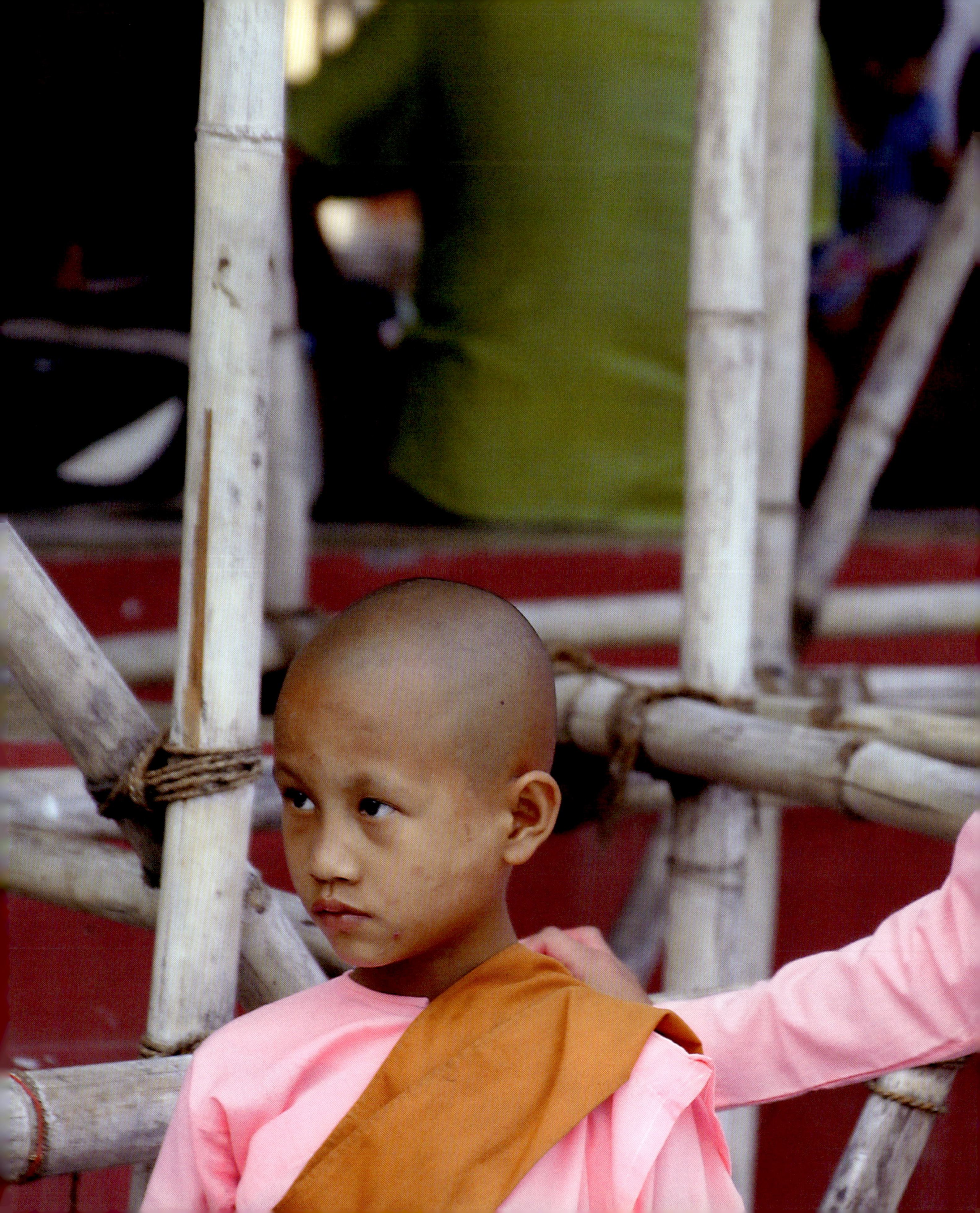

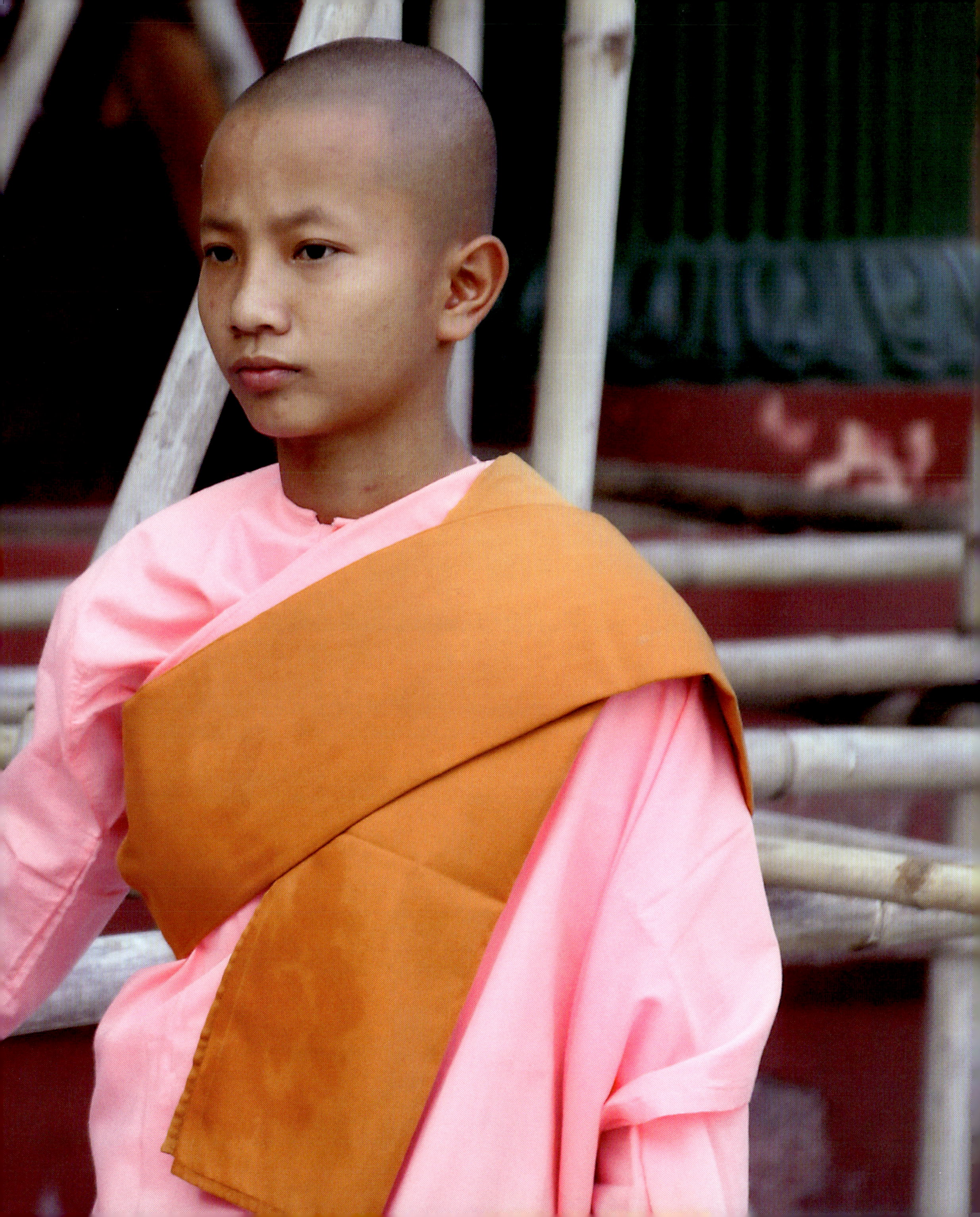

Am Ufer des Irrawaddy-Fluss abseits des kleinen Ortes Shwegu begegnete ich der Nonne Mai, die erfreut war über mein Interesse an ihr. Seit ihrer Kindheit lebt sie im Kloster, wo ihr Bildung und Auskommen zuteil werden. Eine jüngere Nonne erbettelt für sie ihre Mahlzeiten aus Respekt vor dem Alter. Mai hat ein feines Wesen, zeigt Achtsamkeit und Freundlichkeit und nimmt ihren Hut ab für ein Foto.

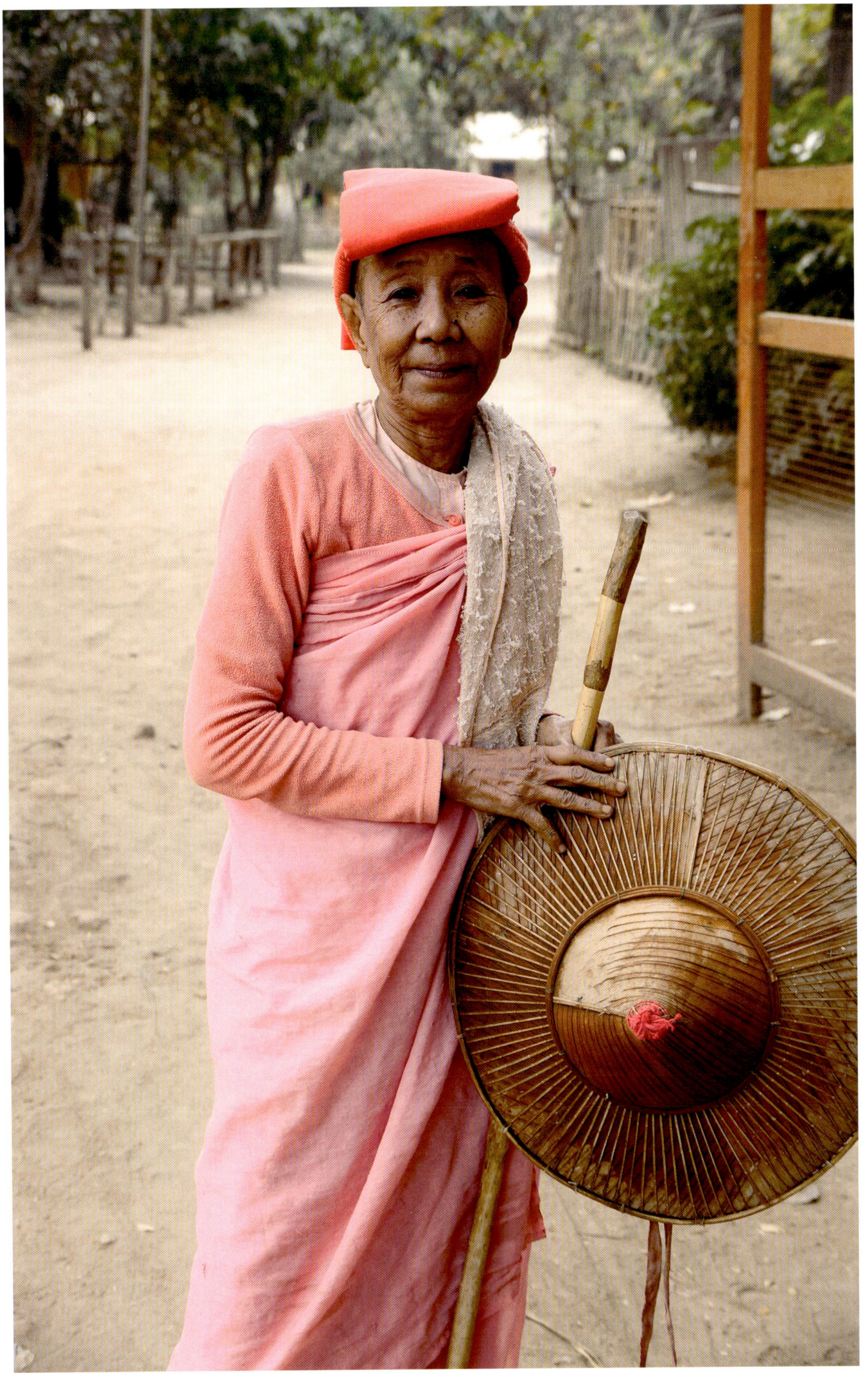

In einem Klostergarten in Mindat stehen 28 Buddhafiguren mit 28 verschiedenen Mudras. Das sind symbolische Handgesten, die den Buddha bei jeweils unterschiedlichen Tätigkeiten darstellen.

Der Brillen-Buddha

Der Stolz der kleinen Stadt Shwedaung ist die einmalige Shwe-myethman-Pagode, die »goldene Brillenpagode«. Dort trägt ein sechs Meter hoher, bunt bemalter Buddha eine riesige goldene Brille mit leicht getönten Gläsern! Dieses in der Welt einmalige Attribut eines Buddhas verdankt die Figur einem Stifter in der Konbaung-Zeit (18./19. Jahrhundert), der durch die Kraft des Erleuchteten sein Augenlicht wiedererlangte und auf diese Weise seine Dankbarkeit bekunden wollte. Versuche orthodoxer Buddhisten, die Brille abzunehmen, zogen alle möglichen Unglücksfälle und Katastrophen nach sich. Doch schließlich wurde sie gestohlen. Die Brille, die Buddha jetzt trägt, stiftete in der Kolonialzeit ein englischer Offizier, dessen Frau von einem Augenleiden geheilt wurde.

Folgende Doppelseite: Buddha-Figur mit Mönchen vor der Shwemyethman-Pagode, der »goldenen Brillenpagode«.

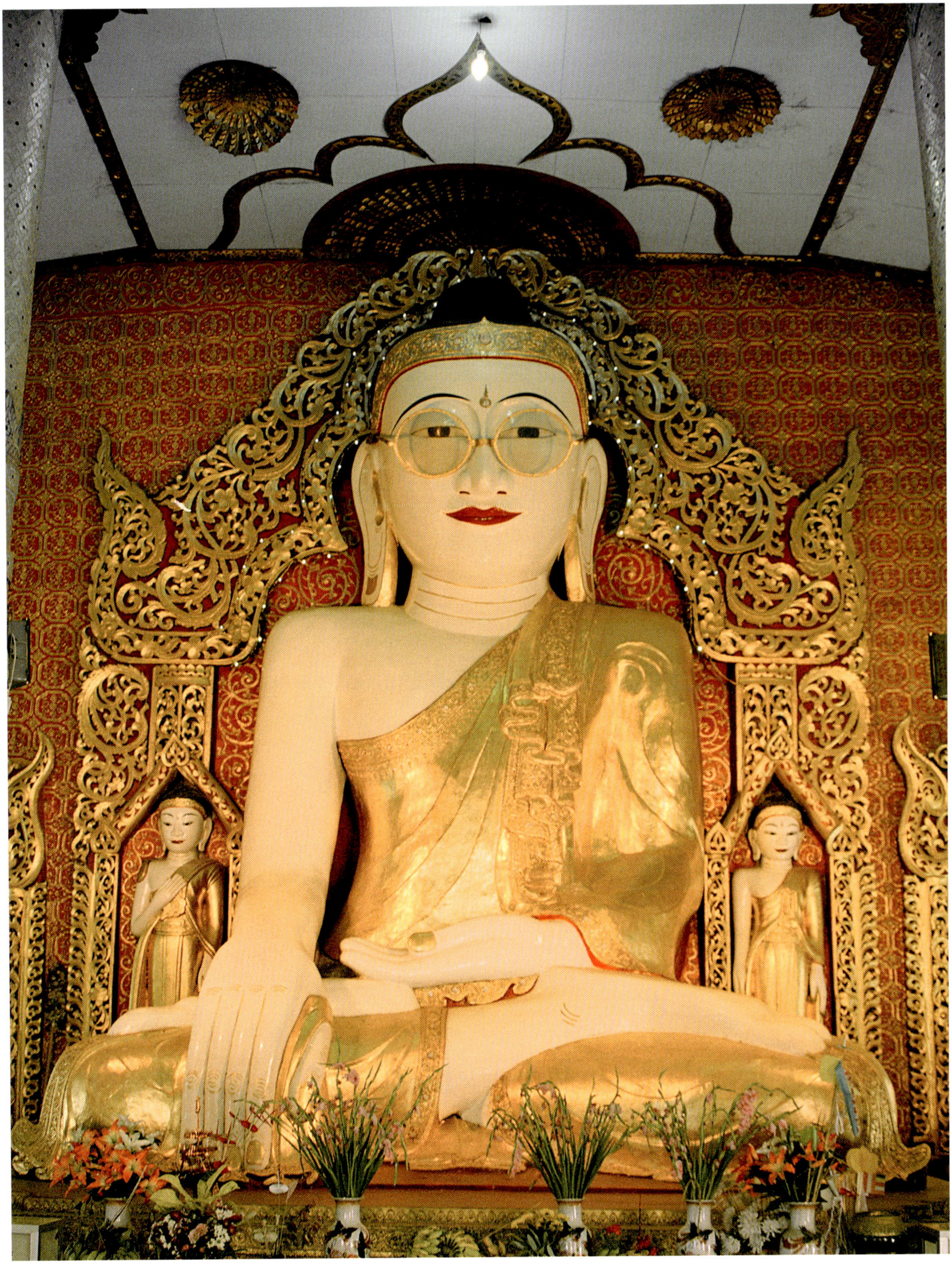

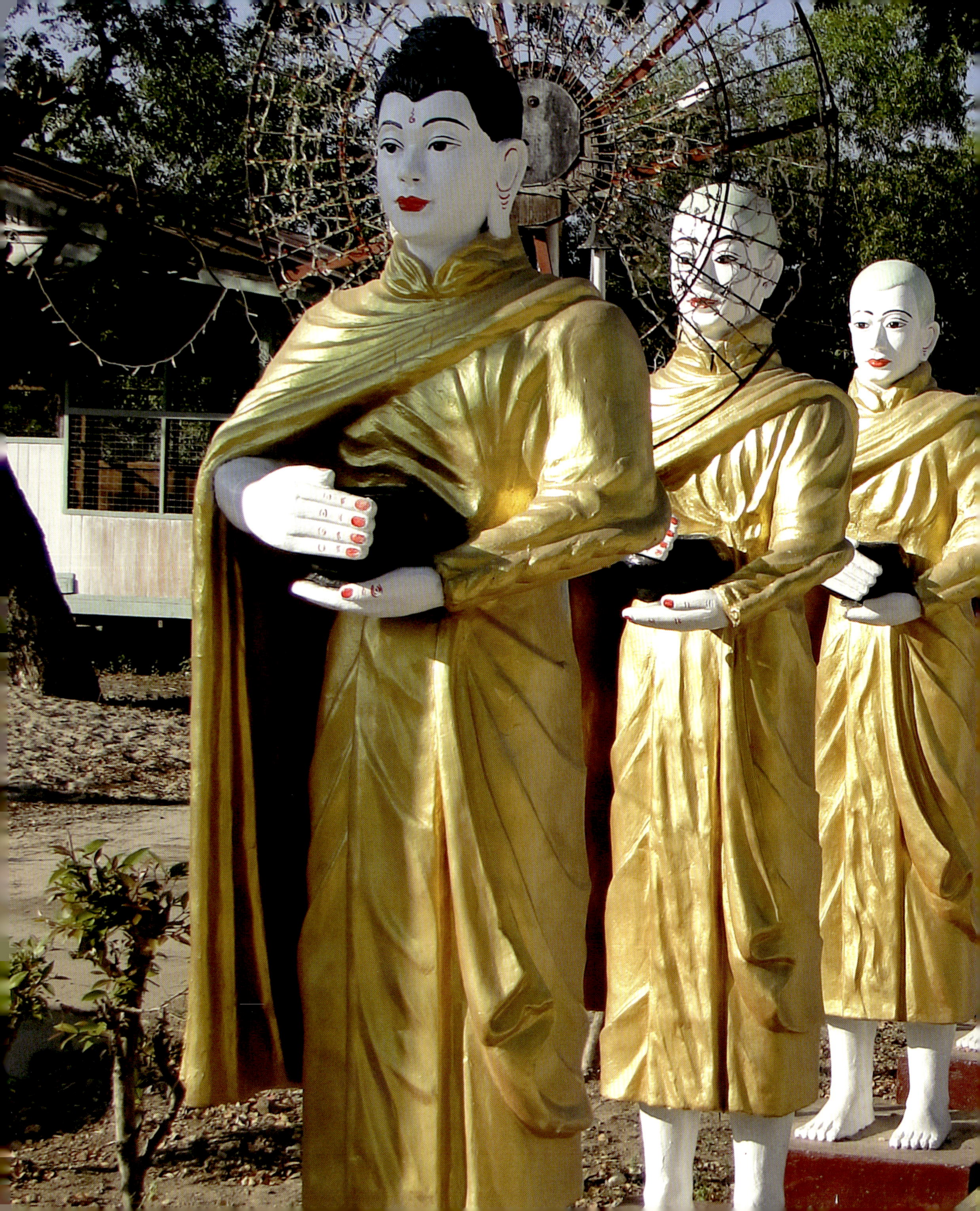

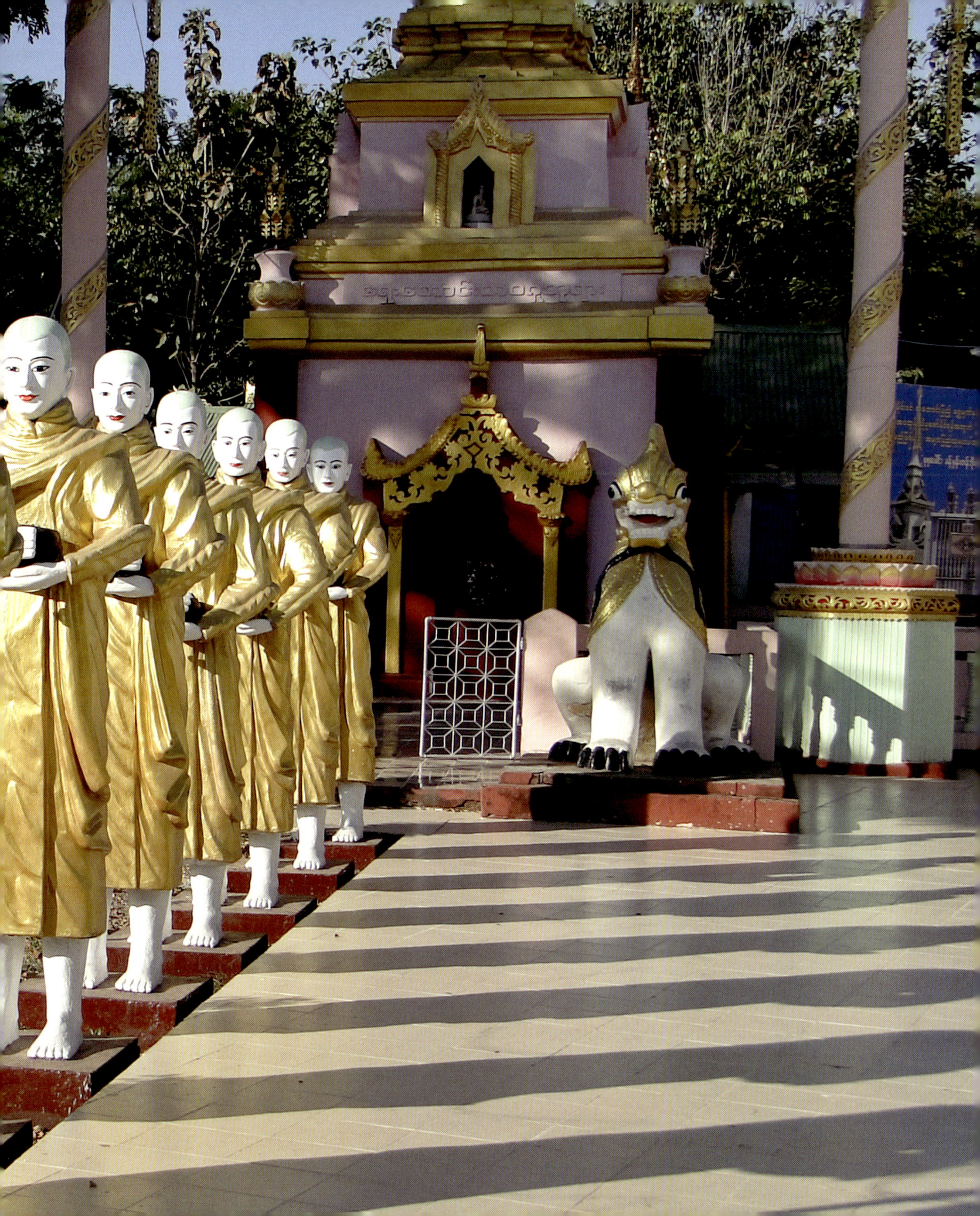

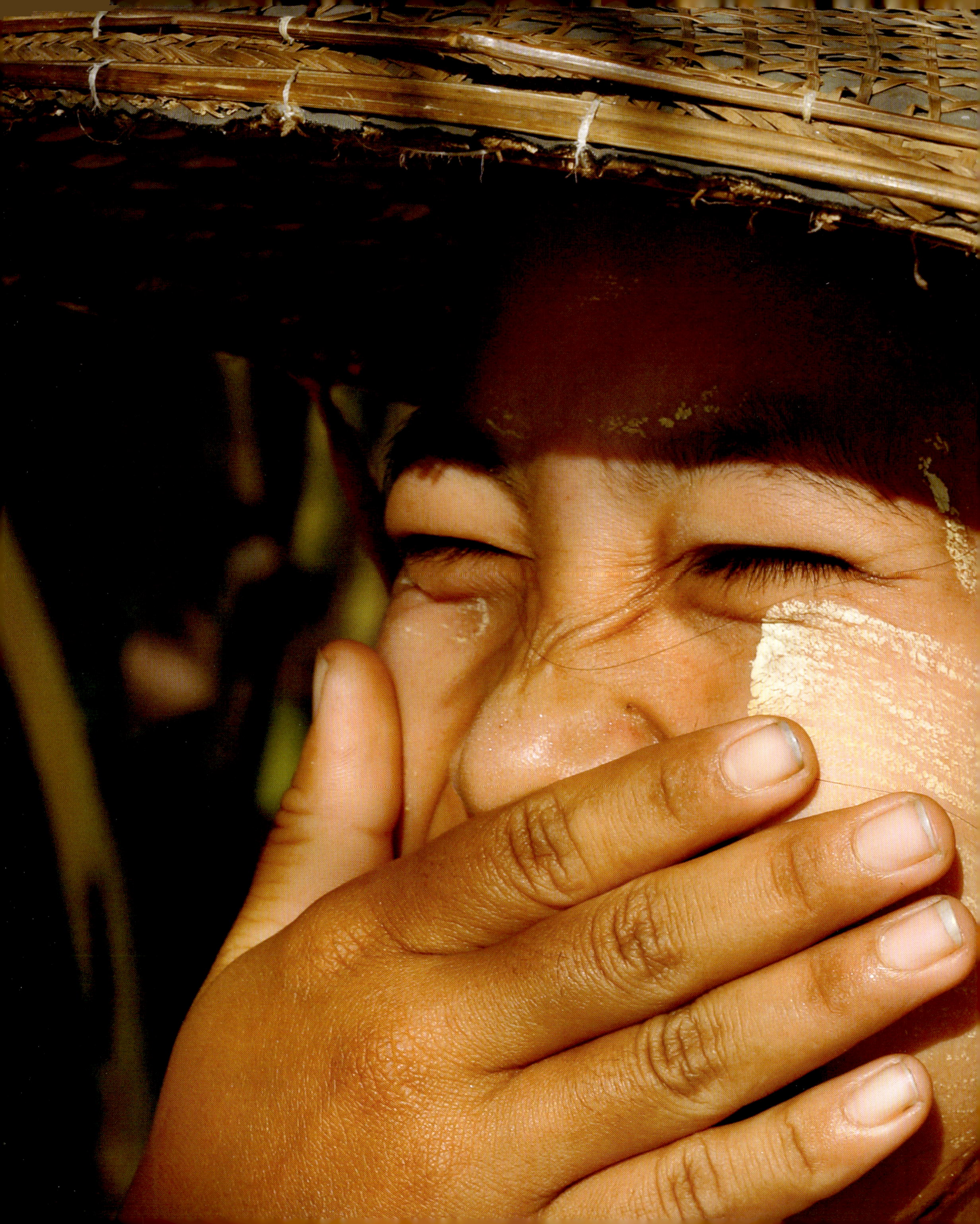

Impressum

Die Deutsche Bibliothek verzeichnet diese Publikation in der Deutschen Nationalbibliografie; detaillierte bibliografische Daten sind im Internet über http://dnb.ddb.de abrufbar.

ISBN: 978-3-96018-016-6

© Dr. Peter Morsbach Verlag 2016

Fotografie und Text:
Dr. Uschi Rodenstock, München
www.uschi-rodenstock.com

Konzeption und Gestaltung:
Helmut Gebhardt, Büro A34, München
www.a34-vis.com

Lektorat:
Dr. Hubert Kerscher (Dr. Peter Morsbach Verlag)

Litho:
Armin Suppmann (Dr. Peter Morsbach Verlag)

Druck:
Erhardi Druck GmbH, Regensburg
Printed in Germany

Alle Rechte vorbehalten. Ohne ausdrückliche Genehmigung des Verlags ist es nicht gestattet, dieses Buch oder Teile daraus auf fotomechanischem oder elektronischem Wege zu vervielfältigen.

Weiter erschienen

Uschi Rodenstock
Symbol und Vision
Münster 2005
ISBN 3-937961-13-5

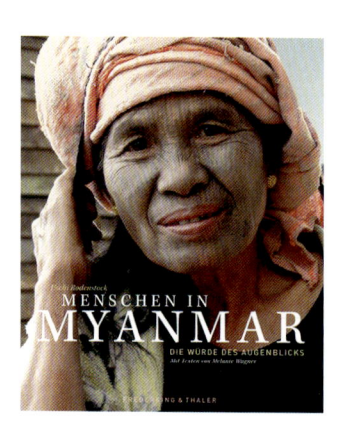

Uschi Rodenstock
Menschen in Myanmar
München 2013
ISBN 978-3-95416-075-4

Ausgewählte Literatur

Brian Bates, John Cleese: Gesichter. Das Geheimnis unserer Identität, London 2001
Dana Dhamma: Vipassana Meditation. Lectures on Insight Meditation, Yangon 1985
John Falconer et al.: Myanmar Style. Art, Architecture and Design of Burma, London 1998
Danielle und Oliver Föllmi: Die Weisheit Asiens Tag für Tag, München 2007
Danielle und Oliver Föllmi: Die Weisheit Indiens Tag für Tag, München 2004
Valentin Groebner: Ich-Plakate. Eine Geschichte des Gesichts als Aufmerksamkeitsmaschine, Frankfurt am Main 2015
Hermann Hesse: Gesammelte Werke 5 und 6, Frankfurt am Main 1970
Jean-Yves Montagu, Jean-Leo Dugast: Birma, Köln 1998
Georg Noack: Myanmar. Das goldene Land, Darmstadt 2014
Uschi Rodenstock: Darbietung thematischer Fotografie zur Unterstützung der Bewusstwerdung emotionaler Befindlichkeit, Inaugurale-Dissertation, LMU München 2011
Uschi Rodenstock: Menschen in Myanmar, München 2013
Dorothee Schäfer, Wolfgang Stein, Uta Weigelt: (Hg.) Myanmar. Von Pagoden. Longyis und Nat-Geistern, München 2014
Ma Thanegi, Gabriele Fahr-Becker, Achim Bunz: Burma – Myanmar. Im Herzen eines unbekannten Landes, München 2008
Ma Thanegi: Pilgerreise in Myanmar, Zürich 2010
Thich Nhat Hanh: Unsere Verabredung mit dem Leben. Buddhas Lehre vom Leben im gegenwärtigen Augenblick, München 1999